社会医疗保险改革问题研究

结构调整、参数调整与经办机制转变

STUDIES ON THE REFORM OF SOCIAL MEDICAL INSURANCE SYSTEM

高秋明◎著

中国政法大学商学院优秀学术丛书

中国经济出版社
CHINA ECONOMIC PUBLISHING HOUSE
北京

图片在版编目（CIP）数据

社会医疗保险改革问题研究：结构调整、参数调整
与经办机制转变/高秋明著.
—北京：中国经济出版社，2019.11
ISBN 978-7-5136-5768-6

Ⅰ.①社… Ⅱ.①高… Ⅲ.①医疗保险—保险体制—保险改革—研究—中国 Ⅳ.①F842.684

中国版本图书馆 CIP 数据核字（2019）第 145129 号

责任编辑　李煜萍　李若雯
责任印制　巢新强

出版发行　中国经济出版社
印 刷 者　北京艾普海德印刷有限公司
经 销 者　各地新华书店
开　　本　710mm×1000mm　1/16
印　　张　10.5
字　　数　130 千字
版　　次　2019 年 11 月第 1 版
印　　次　2019 年 11 月第 1 次
定　　价　58.00 元
广告经营许可证　京西工商广字第 8179 号

中国经济出版社 **网址** www.economyph.com **社址** 北京市东城区安定门外大街 58 号 **邮编** 100011

本版图书如存在印装质量问题，请与本社销售中心联系调换（联系电话：010-57512564）

目　录

第一章　导论 …… 1

第一节　研究内容 …… 1

第二节　研究方法 …… 3

第二章　“两保合一”的影响因素 …… 5

第一节　“两保合一”改革进程 …… 5

一、整合时间 …… 5

二、整合的影响因素 …… 10

第二节　财政分权体制的影响 …… 12

一、引言 …… 12

二、制度背景 …… 16

三、模型设定 …… 21

四、数据和变量 …… 23

五、实证结果 …… 27

六、稳健性检验和进一步讨论 …… 31

七、小结 …… 41

第三节　原有政策差距的影响 …… 42

一、引言 …… 42

二、方法和数据 …… 44

三、实证结果 …… 49

四、小结 …… 52

本章参考文献 …… 53

第三章 "三保合一"的改革方向 …… 57

第一节 "三保合一"的动因 …… 57
一、适应灵活就业发展的需要 …… 57
二、缓解医保基金地区分割的影响 …… 58
三、降低财政兜底负担的需要 …… 59
第二节 "三保合一"的关键环节 …… 60
一、目标模式选择 …… 60
二、处理现有制度框架差异 …… 63
第三节 实践案例:东莞市的"三保合一" …… 67
本章参考文献 …… 71

第四章 制度参数调整 …… 73

第一节 现有城市间参数设定的差异 …… 73
第二节 报销比例变化对分级诊疗的影响 …… 80
一、引言 …… 80
二、理论基础 …… 84
三、背景介绍 …… 87
四、方法和数据 …… 89
五、实证结果 …… 93
六、稳健性检验 …… 97
七、小结 …… 100
本章附录 …… 101
本章参考文献 …… 105

第五章 制度设计过程中需要考虑的问题 …… 109

第一节 城乡医疗服务利用差别问题 …… 109
一、引言 …… 109

二、城乡医疗服务利用的费用差别 …………………………… 111
三、城乡医疗服务利用的可及性差别 ………………………… 118
四、小结 ………………………………………………………… 122
第二节 “穷帮富”问题 ……………………………………… 123
一、“两保合一”对农村居民的待遇释放 …………………… 124
二、整合前后农村居民医疗服务使用变化情况 …………… 126
本章参考文献……………………………………………………… 133

第六章 政府购买服务与经办机制转变 ……………………… 135

第一节 引入政府购买服务的必要性……………………………… 135
一、医保基金控费的需要 ……………………………………… 136
二、提高医保服务质量的需要 ………………………………… 139
三、适应医保向高级阶段演进的需要 ………………………… 140
第二节 政府购买服务的内容……………………………………… 143
一、从流程环节上看 …………………………………………… 143
二、从划分板块上看 …………………………………………… 145
第三节 政府购买服务的方式……………………………………… 145
一、购买服务的基本方式 ……………………………………… 145
二、不同方式的选择 …………………………………………… 147
第四节 政府购买服务需要注意的问题…………………………… 154
本章附录…………………………………………………………… 158

第一章　导　论

第一节　研究内容

医疗保障是民生保障的关键环节，是实现“健康中国”战略的重要基础。二十年来，我国的医疗保障体系建设取得了巨大成就。在横向上，相继建立了城镇职工医疗保险、新型农村合作医疗、城镇居民医疗保险三项基本医疗保险制度，实现了医疗保障对全体国民的覆盖；在纵向上，不断完善基本医疗保险、补充医疗保险、大病医疗保险和大病救助等保障层次，提升了保障水平。“三纵三横”的保障框架构筑成护卫民生健康的坚实网络，“保基本、广覆盖”的社会医疗保障目标已初步达成。

在此基础上，如何推进社会医疗保障体系的公平可持续发展，成为下一步改革关注的重点。特别是作为基础的基本医疗保险制度。一方面，由于仍旧存在按身份参保的板块分割，以及按地区参保的碎片化经营，已难以适应经济社会发展的新需要；另一方面，在民众对保障水平期望越来越高，长期护理保险、特药特材等新待遇项目不断注入的情况下，维持现有制度下基金收支平衡的难度增加。这使得对保险体系进行调整的需求逐渐提高。

如何进行改革，方法有三类。第一类是制度结构调整。例如，2016年国务院《关于整合城乡居民基本医疗保险制度的意见》，将原先覆盖城市居民的“城镇居民医疗保险”与原先覆盖农村居民的“新型农村合作医疗”两项制度进行合并，建立起新的“城乡居民医疗保险”制度，就是一种结构上的重新规划。第二类是制度参数调整。例如，变更住院服务的报销比例和起付线水平，能够直接影响参保人所面临的补偿水平，产生对民众就医的引导，进而促进医保基金的合理使用。与结构调整相比，参数调整的变动程度较小，可以相对频繁地使用。在制度变动之外，第三类改革方法是进行经办管理的调整。2018年国家医疗保障局的成立，将原先分散于人社、卫生、民政以及发改部门的医保相关职责集中起来，统一调配，可以看作中央层面经办管理改革的一个例子。在地方层面，采用政府购买服务的方式将部分实际经办管理工作进行社会化转移，也是一个典型。经办管理改革能够提高基金运营效率，并通过环节优化，有益于参保人对基金使用的公平性。

本书对社会医疗保险改革问题的探讨就从上述三个方面展开。第二章和第三章首先聚焦制度结构调整。其中，第二章以最近推行的城乡居民医保整合“两保合一”为观察对象，分析结构调整所面临的制约因素，并着重对其中两类缺乏实证研究的因素——财政分权体制和原有政策差距的影响进行实证分析。第三章讨论在城乡居民医保中进一步纳入职工医保进行“三保合一”的趋势，研究这一改革的目标模式和实现途径。第四章关注制度参数调整，以住院报销比例的调整为例，实证分析参数调整能够对参保人行为产生的引导。第五章提及制度设计过程中需要考虑的两类问题，包括城乡医疗服务利用差别以及制度调整可能带来的“穷帮富”现象。第六章围绕经办管理调整，论述政府购买服务这一经办机制转变的内涵和途径。

本书的意义在于，提供了针对目前社会医疗保险改革领域的前沿思考，并且使用详细的微观行政数据，对一些尚停留于理论层面的焦点问题进行严格的计量经济学分析。本书的结论有助于为后续社会医疗保险改革的政策制定提供理论和实证支持。

第二节 研究方法

本书采用理论与实证相结合、实证为主的研究方法。翔实的实证分析是本书的一大特点。表现有二：一是在对未来改革走向的理论分析中，加入了对现有实践的全面总结，对其中有代表性的案例进一步提供了详细说明。二是在对改革具体问题的探讨中，使用大规模微观行政数据和严格的计量经济学方法，进行了经验证明。既有关于国内社会医疗保险改革的讨论往往限于理论，经验分析的广度和深度亟待开拓。本书提供了实证研究服务于医疗保险改革政策制定的应用。

为了支撑本书的实证研究，研究过程中建立了两份微观数据集：一是包含全国(除少数民族地区外)地级以上城市医疗保障政策文件的数据集，从中分离出各市城乡居民医疗保险政策特征、现有职工医保政策特征等变量。该数据为经公开资料手动搜集而来的一手数据。二是某东部大型城市2012—2016年全市医保住院明细数据，变量涵盖患者特征、就医信息、费用信息、补偿信息等，总观测值逾500万条。这两份数据相互补充，为本书对宏观层面改革方向的探讨以及微观层面具体政策点的分析奠定了坚实基础。数据的具体说明依据不同的使用需求，在各章中分别介绍。

本书的技术路线图如图1-1所示。

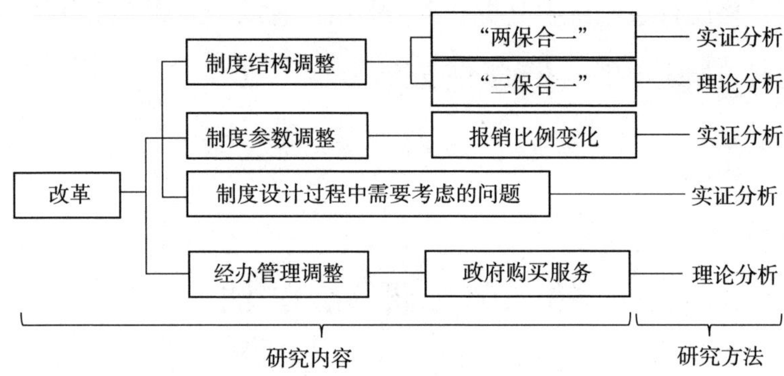

图1-1　本书技术路线图

第二章　“两保合一”的影响因素

第一节　“两保合一”改革进程

一、整合时间

社会基本医疗保险具有按身份参保的特征。1998 年率先推行的“城镇职工医疗保险”，沿袭 1951 年《劳动保险条例》以来对职工进行保障的传统，主要覆盖有单位就业的城镇职工；2003 年推行的“新型农村合作医疗”（以下简称“新农合”），参保人为农民及其家庭成员；2008 年推行的“城镇居民医疗保险”，面向城镇中未被城镇职工医保覆盖的人群，主要是少年儿童、大学生和未就业的成年人（包括老人）。三大保险共同形成了对全体国民的保障覆盖，也因而造成了板块分割的特征。尤其是其中的新农合和城镇居民医保，同样以居民作为保障对象，其筹资方式相似，待遇水平有异，不利于社会公平。因此整合两项居民医保制度成为社会医疗保险制度结构调整的重要任务，称为“两保合一”。

中央层面整合城乡居民医保的动议最早见于 2012 年。党的十八大报告提出，“统筹推进城乡社会保障体系建设，整合城乡居民基本养老保险和基本医疗保险制度”。这表明城乡整合的需求在当时已初步形成。然而直至2016年1月，中央层面才最终以国务院国发〔2016〕3号文《关于整合城乡居民基本医疗保险制度的意见》（以下简称“中央方案”）明确了整合方向。在党的十九大报告中，这一任务又作为完善社保体系的一项目标加以深化。而在中央方案出台之前，一些地方在不存在中央试点、没有中央统一规定的情况下，基于自身实际，自发地开展了整合的探索。这使得“两保合一”的推进以2016年1月为界，可以分为两个阶段。

（一）自发整合时期

自2003年新农合建立伊始，浙江嘉兴等一些地方就尝试将城镇居民与农村居民一同纳入管理。随着2008年城镇居民医保的正式确立，陆续有城市进行了在同一框架下规划城乡居民医疗保障的探索。2010年之前，全国共有11个地级市公布了城乡统一的社会医疗保险制度。[①] 其中6个位于广东省，还有成都、马鞍山、乌海、鄂州等多个省份的城市。这部分城市进行整合的特点是，或者是在建立新农合时就将城镇居民一并纳入，或者是在建立城镇居民医疗保险时直接与原先的新农合合并起来，因此可以说事实上不存在两类医保“整合”的问题，其统一制度的过程要简单得多。表2-1(a)提供了这部分城市的名单。

2012年党的十八大报告加快了“两保合一”的进程。浙江、山东、广东、天津、重庆、青海、宁夏等省级单位陆续出台了省级指导方案，更是推动了大范围整合的进行。截至2015年12月，除(视同)少数民族

① 作者根据中国医疗保险研究会资料统计，详见第二节中数据和变量部分的描述。本节内未有说明来源的数据均同此。

地区之外，全国共有63个地级以上城市(包含2010年前整合的城市)完成了市级层面的整合，另有多个城市在县级层面实现了整合。[①] 对于这一时期开展整合的城市来说，真正面临需要把原先分立的两类制度合并到一起的问题，因此涉及各项改革矛盾的处理，改革难度相比前一时期更大。表2-1(b)提供了这部分城市的名单。

自发整合城市在没有中央方案指导、没有中央试点的情况下，各个地区基于自身条件，探索出了多样化的整合模式。特别地，在解决原新农合“低缴费、低待遇”与原城镇居民医保“高缴费、高待遇”之间的差距问题上，一些地方在统一城乡医保制度框架的前提下，尝试了“一制两档”的整合实施办法。即在执行城乡居民统一的保障范围、统一的定点医疗机构范围等相同政策的基础上，在筹资和待遇水平的具体设定中采用了两个(或多个)档位的设计。原新农合参保人可以选择低筹资档位，原城镇居民参保人则适用于高筹资档位，各自的待遇水平与筹资水平相对应。相较于整合后采用城乡居民筹资待遇一档化的设计，这样做的好处是能够避免较大的政策变动。因为如果是一档模式，为了实现现有参保人待遇不降低的目标，往往需要将原新农合群体的待遇提高到城镇居民医保水平，来形成整合后的保障水平。这意味着要么需要农村参保人追加个人缴费，要么需要财政投入来弥补筹资差距。现实中地方往往选择依靠财政投入来解决。由此形成一种“低缴费、高待遇”的整合方案。而原先两保的差距越大，对财政支持的需求越高。与之相比，两档模式尽管也对原新农合群体释放了包括报销目录扩大、就医机构扩大等多项改革红利，但由于其待遇水平(报销比例)可以通过设置

---

① 之所以排除少数民族地区，是因为其在财政补助方面享有国家特殊政策，因此可能由于财政因素在整合中表现出独有特征。从归纳全国一般情况的角度，我们没有将其纳入统计。基于同种原因，青海、云南、贵州三个在财政上视同少数民族地区的省份也没有被纳入。

低档维持不变，相对就减轻了政策调整的幅度和难度。① 同时，由于低档位可以随时间进行筹资待遇的提升，逐步向高档过渡，因此也有助于后续逐步过渡到一个"高缴费、高待遇"的城乡统一水平。由此可见，两档方案类似于一个整合程度较低的过渡方案。截至 2015 年，已经有 5 个城市在初步整合后，又进行了两档模式的合一。②

（二）推行整合时期

2016 年 1 月中央统一政策的出台，标志着城乡居民医保整合步入新阶段。中央方案对筹资方案、待遇水平等都给出了具体办法，特别是明确了需要实行城乡统一的筹资标准，并且确保个人筹资和个人缴费不低于现有水平。这意味着最终形成的将是一个"高缴费、高待遇"的城乡一档模式。考虑到地方实际，政策还允许了 2~3 年的过渡期。在这一方向指导下，接下来的地方实践也改变了之前各自尝试的状态，集中按照中央要求执行。从截至 2018 年 8 月的地方整合情况来看，已公开整合方案的城市中，除少部分地区设置了多档过渡措施和过渡期限之外，多数地区都按照一档模式进行了设定。

不过，城乡医保整合是各类改革因素的叠加，困难重重，从全国来看实际改革进程远远滞后于预期时间表。即使国发〔2016〕3 号文要求各地在 2016 年 12 月底前出台具体实施方案，最终也只实现了在这一时间前出台省级层面的整合方案。而在市级层面，截至 2018 年 8 月底，全国除少数民族自治区和青海、云南、贵州三省之外的 242 个地级以上城

① 还有少部分城市实行多档模式，主要是省级统筹地区。典型的是设置三个档位。除了对应原新农合筹资待遇的低档、对应原城镇居民医保筹资待遇的高档，对于第三档的设定均有各自的考虑。例如：天津在低档和高档中间设置中间档，提供折中方案；宁夏在高档之上再设置高档，针对"重病、慢性病患者及经济条件较好的家庭"。由于三档仍旧包含两档的设计思路，因此下文将此类别归入两档进行分析。

② 这 5 个城市分别是：东莞、佛山、三亚、潮州、东营。

市中，尚有68个城市没有实现整合，占比达28%。其他明确整合的城市中，还有一部分只出台了工作方案，没有公布具体的实施办法。图2-1显示了2008—2018年完成整合的城市数量。按照国家医疗保障局等四部委《关于做好2018年城乡居民基本医疗保险工作的通知》要求，全部城市的"两保合一"工作将在2019年全面完成。

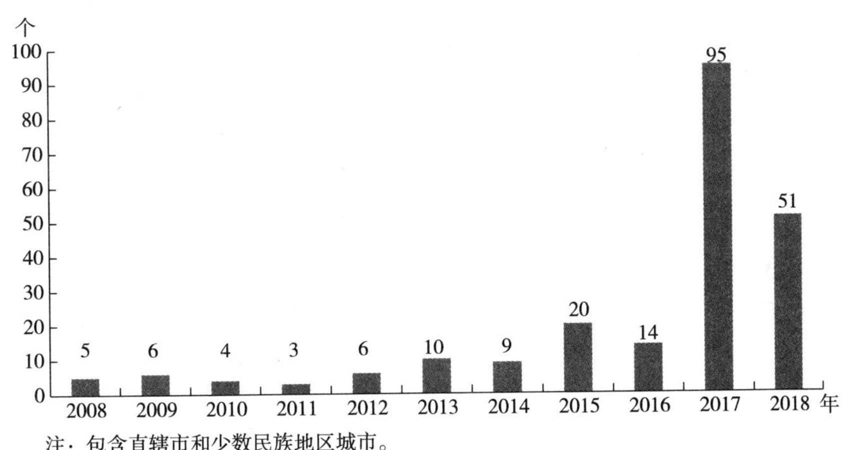

图2-1　2008—2018年完成城乡居民医保整合的地级以上城市数量

资料来源：作者统计。

表2-1　2015年底前完成整合的地级以上城市名单

(a) 2010年前完成整合的城市

省份(共12个)	一档(共6个)	二档/多档(共6个)
广东(6个)	深圳(2008年)、中山(2006年)、珠海(2008年)	佛山(2009年)、东莞(2004年)、湛江(2009年)
浙江(1个)	嘉兴(2003年)	
四川(1个)		成都(2009年)
安徽(1个)	马鞍山(2009年)*	
内蒙古(1个)	乌海(2009年)*	
天津(1个)		天津(2009年)
湖北(1个)		鄂州(2009年)

(b) 2010年后完成整合的城市

省份(共51个)	一档(共28个)	二档/多档(共23个)
山东(17个)	枣庄、济宁、日照、临沂、德州、聊城、菏泽	济南、青岛、淄博、东营、烟台、潍坊、泰安、威海、莱芜、滨州
广东(13个)	广州、江门、肇庆、汕尾、茂名、清远、云浮	惠州、汕头、潮州、韶关、梅州、河源
四川(5个)	内江、巴中	泸州、遂宁、乐山
浙江(4个)	衢州**、舟山、杭州	丽水***
福建(3个)	厦门**、三明、莆田*	
湖南(2个)	长沙、益阳	
安徽(1个)	铜陵**	
贵州(1个)	毕节	
云南(1个)	昆明	
甘肃(1个)	金昌	
陕西(1个)		延安
海南(1个)		三亚
重庆(1个)		重庆

资料来源：作者统计。
注：① 分档为整合当年的选择情况；② ***表示丽水规定区县可以有两年的过渡期，因此视为多档方案；③ **表示分档指待遇分档，此类标注城市尽管缴费不同但待遇统一，因此归为一档城市；④ 包含直辖市和少数民族地区。

二、整合的影响因素

整合时间的滞后与整合难度有关。城乡居民医保整合本身是一项复杂的工程，这是因为它是多重改革因素的叠加：对于大多数城市，整合意味着一步到位，包含制度融合、市级统筹、管理权转移三个步骤。① 要融合城乡两类居民医保制度，意味着提升新农合待遇水平，这又包含了目录、报销比例、定点范围、待遇项目等多个维度；要市级统筹，事实上要完成新农合政策由县到市的统一以及新农合与城镇居民医保制度

① 也有少部分城市以县级整合或分池子运行的方式，回避实际统筹或管理权移交两项改革，例如安徽和浙江某些城市。不过这不是整合中的主流，国务院文件方案中也明确推行市级统筹和统一基金管理。

的整合两步；而管理权移交，意味着人社部门要涉足原先没有管理经验的农村地区，新发展起面向农村医疗机构和农村患者的管理模式。上述每一项转变，都会带来患者、医疗机构、医保经办机构行为的变化。患者会因为新的待遇释放而产生道德风险；医疗机构会因为患者需求的变化和新的监管体制，转换应对措施；医保经办机构内部也面临新的权力接收和新的市县责任划分之后，自身经办激励的转变。当改革因素叠加，各项影响交织、放大，总体改革效果的不确定性就进一步增强；而这些影响是通过历史数据难以估算的。这是整合具有固有复杂性的原因。

整合还受到一些行政体制摩擦的影响。典型的，新农合归属卫生部门管理，城镇居民医保归属人社部门管理，而新合并的城乡居民医保管理权归于谁家，就是一个容易引发争议的问题。国发〔2016〕3 号文对于整合后的居民医保基金归于哪个部门管理并没有提出统一意见。在实践中，除个别城市外，绝大多数城市均选择将基金交由人社部门管理。例外的城市主要基于以下三种情况：一是一些地区原先作为卫生部新农合试点的标杆地区，现在采用移交给卫生部门的方式。例如，安徽省(如合肥的城区归人社，但县级归卫生，没有进行市级统筹)①。二是新设立部门进行管理，例如东莞(社会保障局)和三明(医疗保障基金管理中心)设立了市政府直属的单独部门。三是根本没有进行基金合并，只是统一了两类保险的筹资待遇政策，如河南济源。尽管结果归于人社部门是主流，但从过程来看，医保管理权的争夺仍普遍存在。因此一旦地方上不能就此问题达成共识，就有可能直接阻碍整合的推行。此外，由于

① 2008 年，卫生部“新农合与城镇居民基本医疗保险相衔接试点”课题(简称“两制衔接”)，确定了山西省晋中市榆次区、襄汾县，江苏省镇江市、常熟市(县级市，属苏州)，浙江省嘉兴市，重庆市江北区、九龙坡区、合川区，云南省开远市，青海省海东市 10 个地区为试点，在这些地区探索了卫生部门主导的两保整合。

居民医保筹资中财政补助占大头，财政又依法对医保基金负有兜底责任，因此财政部门也在“两保合一”进程中拥有话语权。但现有文献中对此因素的研究较少。由于体制因素是“0-1”问题，难有调整的空间，而原有政策差异所造成的困难或可以通过政策设计化解，因此管理体制因素往往成为影响整合的首要因素。

既有文献中所提出的影响整合的因素也可被归为以下两类。管理体制方面主要讨论整合涉及的管理权移交可能产生的制度摩擦。金维刚和郑功成的研究指出，卫生与人社两个部门共识的达成将有助于推进整合进程。①制度融合因素方面主要讨论抚平现行两类医保政策差距所需克服的潜在困难。申曙光从筹资、保障范围、保障水平等方面详细比较了现有两保的政策差距。② 不过总体来看，这些研究都偏重理论分析，未能提供相应的实证依据。本章在接下来的两节中，分别针对两类缺乏实证检验的重要影响因素——财政分权体制和原有两保政策差异，提供计量经济学分析。

第二节 财政分权体制的影响

一、引言

居民基本医疗保险筹资的主要来源是财政补助③，“两保合一”由于涉及筹资待遇调整，往往也需要财政增加投入来支持。因此财政投入

---

① 金维刚. 统筹城乡医保的困境与出路[J]. 中国医疗保险,2012,(4):11-13.
郑功成. 城乡医保整合态势分析与思考[J]. 中国医疗保险,2014,(2):8-11.

② 申曙光. 全民基本医疗保险制度整合的理论思考与路径构想[J]. 学海,2014,(1):52-58.

③ 新农合筹资中80%来自财政,城镇居民医保分人群筹资,平均后的人均财政补助比例尽管略低于80%,也是主要部分。例如,山东、广东、浙江的人均补助比例在65%左右。

能力和财政投入体制成为影响城乡医保整合的因素。[①]

本节通过实证方法对“两保合一”过程中财政因素的作用进行考察，以“省直管县”为代表的财政分权体制是关注的主要内容。使用城市层面数据，以包含63个先期自发整合城市在内的全国（除少数民族地区外）所有242个地级以上城市为样本，（广义）有序Logit模型回归的结果表明：财政能力的确影响整合的实现程度，那些财政收入能力越强的城市，越倾向于达到更高的整合水平；不过就是否开展整合而言，财政能力并不构成障碍，起作用的是财政体制。那些辖区内财政省直管县比重越高的城市，越倾向于避免整合，这种情况在“强市-弱县”城市和“弱市-强县”城市更为突出。而且基于已整合城市的分析表明，财政省直管县比重越高的城市，越倾向于采用让渡市级权力的基金管理模式，这提示了财政省直管县体制发挥作用的机制，在于阻碍市县关于整合成本分担共识的达成。

居民基本医疗保险属于基本公共服务，本书的结论为推进基本公共服务领域的均等化也提供了启示。传统上对基本公共服务差距的关注源于对社会公平的追求。其背景是，部分地区和人群还存在基本公共服务严重缺失的情况，因此需要提高服务供给水平。实现均等化的思路因而集中于增加财政投入。然而随着经济发展阶段的演进，效率等公平之外的因素也纳入考量。表现有二：首先，经济效率。新常态下，经济发展越来越倾向于脱离小范围内粗放投资、重复建设、县域竞争的传统驱动方式，转而面向大范围内的产业分工合作。这意味着生产要素需要由老产业向新产业转移，因而跨越地域进行流动[②]，而

---

① 高秋明，朱恒鹏，陈晓荣.城乡医保并轨与财政投入：基于已整合城市的分析［J］.中国财政，2016（5）：50-54.

② 曹玉书，楼东玮.资源错配、结构变迁与中国经济转型［J］.中国工业经济，2012（10）：5-18.

捆绑在地区之上的社会保障、教育、医疗等基本公共服务，成为影响人力资本迁移的重要因素①。因此为创造更为便捷的要素流动环境，需要基本公共服务的均等化作为支撑。② 其次，服务提供效率。随着人们收入水平的提高，基本公共服务需求的结构也有所变化。一些原先不作为政府重点关注的领域，如环境保护、公共安全维护等，逐渐成为基本公共服务的重要内容。而这些项目的提供难以依赖单一基层政府达成，往往需要更高层次的协同规划。在这种情况下，推进基本公共服务均等化不仅是增加财政投入的问题，还需要关注不同层级政府之间的权力划分。

本节可能在以下方面对既有文献形成补充：第一，提供了首批针对居民医保整合的实证分析。现有相关文献多基于理论层面③，或就某几个城市的具体案例进行分析④，尚无具有普适意义的实证研究。还有一族文献使用精算或核算方法，估计整合带来的财政投入增加⑤，但未提

① 邓曲恒.农村居民举家迁移的影响因素:基于混合 Logit 模型的经验分析[J].中国农村经济,2013(10):17-29.

方大春,杨义武.城市公共品供给对城乡人口迁移的影响——基于动态面板模型的实证分析[J].财经科学,2013(8):75-84.

② 《中共中央关于制定国民经济和社会发展第十三个五年规划的建议》在"协调发展"部分两次提到"基本公共服务均等",一是"推动区域协调发展。塑造要素有序自由流动、主体功能约束有效、基本公共服务均等、资源环境可承载的区域协调发展新格局"以及"推动城乡协调发展。坚持工业反哺农业、城市支持农村,健全城乡发展一体化体制机制,推进城乡要素平等交换、合理配置和基本公共服务均等化"。可见,在区域协调和城乡一体的目标下,都包含了对经济效率的考量。

③ 金维刚.统筹城乡医保的困境与出路[J].中国医疗保险,2012(4):11-13.

申曙光.全民基本医疗保险制度整合的理论思考与路径构想[J].学海,2014(1):52-58.

④ 熊先军,孟伟,严霄,高星星.医保城乡统筹的路径走势——统筹城乡基本医疗保险制度与管理系列之一[J].中国社会保障,2011(6):73-75.

仇雨临,翟绍果,郝佳.城乡医疗保障的统筹发展研究:理论、实证与对策[J].中国软科学,2011(4):75-87.

⑤ 李亚青.社会医疗保险财政补贴增长及可持续性研究——以医保制度整合为背景[J].公共管理学报,2015,12(1):70-83+156.

蒋云赟,刘剑.我国统筹医疗保险体系的财政承受能力研究[J].财经研究,2015,41(12):4-14.

及财政体制在整合中的实际作用。本部分通过收集一手资料建立数据库，首次使用计量方法和全国样本，实证分析了包括财政省直管县体制和财政收入能力在内的地方特征对城乡居民医保整合的影响。所得结论支持了中央部署推行的必要性，也有助于尚未出台细则的地方制定更符合自身实际的整合方案，具有一定的现实意义。

第二，拓展了以往研究的视角，指出一条财政体制单独作用于基本公共服务均等化的新途径。以往文献对财政体制的分析落脚于财政投入，集中讨论分权式的财政体制将如何影响民生领域的财政支出。在省级层面，傅勇和张晏的研究发现，若以预算内省本级财政支出占中央预算内财政支出的比重作为分权程度的衡量，则存在一临界水平，在此水平之下，地方政府因无力参与地方间竞争而倾向于增加科教文卫支出；而在这一水平之上，则会踊跃竞争，继而维持甚至削减基本公共服务支出份额。类似的两面性同样出现在县级。① 陈抗等的研究指出，财政省直管县体制可以带来地方财力的增加，不过这或者能够促进民生支出的增加，即带来“援助之手”，或者助长地方重基建、轻民生的倾向，即带来“攫取之手”。② 实证研究在究竟哪个方向占据主导上并无定论。以民生支出占县级财政支出的比重作为衡量指标，一些研究发现财政省直管县体制增强了县级财政能力，却导致民生项目占支出的比重下降③；不过，使用公共服务绝对水平等其他衡量指标，另一些研究表明

---

① 傅勇，张晏.中国式分权与财政支出结构偏向：为增长而竞争的代价[J].管理世界，2007(3)：4-12+22.

② 陈抗，Arye L. Hillman，顾清扬.财政集权与地方政府行为变化——从援助之手到攫取之手[J].经济学(季刊)，2002(4)：111-130.

③ 刘佳，吴建南，吴佳顺.省直管县改革对县域公共物品供给的影响——基于河北省136县(市)面板数据的实证分析[J].经济社会体制比较，2012(1)：35-45.

陈思霞，卢盛峰.分权增加了民生性财政支出吗？——来自中国“省直管县”的自然实验[J].经济学(季刊)，2014，13(4)：1261-1282.

财政省直管县体制的确可以引起县级民生服务水平的提高①。本节跳出财政体制对民生财政支出具有双重效应这一讨论思路，以市级为观察层面，研究了省直管县为代表的财政体制因素在推进均等化中的单独作用。本节的研究显示，省直管县体制可能通过影响均等化过程中市县财政对于责任分担共识的达成，阻碍基本公共服务均等化的推行。这一发现丰富了现有文献对于财政体制作用的理解，具有一定的理论价值。

本节接下来的部分规划如下：第二部分交代制度背景，介绍城乡居民医保自发整合的状况及与财政的关系；第三部分引入(广义)有序Logit模型作为模型设定；第四部分介绍回归使用的数据和变量；第五部分报告实证结果；第六部分进行稳健性检验，并对不同市县关系下财政省直管县体制的作用以及发生作用的机制，展开进一步讨论；第七部分小结。

二、制度背景

(一) 整合中的模式选择

根据中国医疗保险研究会统计，截至2013年底，全国确定开展城乡医保整合工作的省级单位共有8个，分别是天津、山东、重庆、青海、宁夏、新疆生产建设兵团、广东、浙江；另有其他13个省（区、市）中的34个地级市也明确了整合方向。2015年，又有福建省、上海市、河北省宣布将进行城乡医保整合。不过在这份名单中，尚有地区未出台具体的实施方案。我们对上述城市进行了逐一筛查，结果显示：截至2015年12月，共有7个省(区、市)实际完成了全省层面的整合。其

① 王德祥，李建军.人口规模、“省直管县”对地方公共品供给的影响——来自湖北省市、县两级数据的经验证据[J].统计研究，2008，25(12)：15-21.

谭之博，周黎安，赵岳.省管县改革、财政分权与民生——基于“倍差法”的估计[J].经济学(季刊)，2015，14(3)：1093-1114.

中天津、重庆、青海、宁夏采用省级统筹，广东、山东实行地市级统筹，浙江大多实行市级统一框架下的县级统筹。除上述7省（区、市）外，还有其他11个省（区、市）的20个地级市出台了市级层面的医保整合文件。自发整合的地级市约占全国城市总数的22%。已完成的整合基本都实现了后来2016年中央方案所提出的“六统一”中的四个，即“统一覆盖范围、统一医保目录、统一定点管理、统一基金管理”。所不同的是，在另外两个统一——“统一筹资政策”和“统一保障待遇”上，一些地区采用了不同做法。

整合意味着需要弥合城镇居民医保与新农合现有的政策差距，而两者之间确实存在较大差别。建立时，城镇居民医保比照职工医保设计，而新农合则立足农村另起炉灶，二者在初始的筹资待遇和统筹层次设定上即存在分化。延续至今，两类医保在多数地区的典型关系是：城镇居民医保个人缴费高，待遇高，实行市级统筹；新农合个人缴费低，待遇低，实行县级统筹。因此若要实现城乡统一待遇，既要抹平现有新农合在各县之间的待遇差别，还要抹平新农合与城镇居民医保之间的差别。

在中央文件未出台前，自发开展整合的城市出于平稳过渡这一首要考虑，在整合设计中均遵循两个原则，即“总体待遇不降低，个人缴费不大幅增加”。这意味着整合后的新方案必须是一个待遇就高、而个人缴费就低的设计。在这一约束下，地方制定整合政策时考虑自身情况，发展出了两类整合模式。其一般做法是①：①一档方案。若要实行城乡单一标准，则待遇设计比照原先待遇较高的城镇居民医保，个人缴费设计比照原先缴费较低的新农合。在实现方式上，通过降低原城镇居

① 一般做法根据全部已整合城市（包括直辖市，共63个）的整合实践归纳。我们梳理了每个城市在医保初建时以及整合前一年这两个时点上的城镇居民医保政策文件与新农合政策文件，然后将其与整合后的新制度进行比对，同时结合地方调研，归纳出模式特征。

民的个人缴费，同时以财政补助填补差距的方式达到。②两档方案[①]。如果允许不同档位并行，则高档待遇比照原城镇居民医保，低档待遇比照原新农合，相应的筹资也对应于各自原先水平。不过，为了避免原先高缴费的城镇居民群体流向低档，大部分地区都附加了档位选择的限制条件，例如规定户口簿内同一家庭的成年人只能选择同一档次，原城镇居民参保人必须选择高档，或者低档只供某些区县选择等。由此可见，两档方案意在维持原先城镇居民参保群体和新农合参保群体的相对独立，很大程度上只在抹平新农合各县之间的筹资待遇差距，因而是一种降低整合难度的折中方法。综上可知，在整合程度上，有：未整合<两档方案<一档方案。

据作者统计，在2016年前完成自发整合的城市(除少数民族地区外)中，省级统筹单位多采用分档模式，其中宁夏、天津为三档方案，重庆为两档方案；其他61个地级市中，27个采用两档或三档模式[②]，占整合城市总数的44.3%。其余34个地级市采用了一档方案，占整合城市总数的55.7%。

(二)整合引发的资金需求与财政体制

整合必然产生资金需求。对于一档方案来说，正如上面所提到的，资金需求源于提升待遇后没有提高个人缴费。那么将新农合群体的个人缴费提高到城镇居民水平，就可以避免缺口吗？答案是否定的。值得指出的是，将新农合待遇拉平所需要的筹资增加，将远大于补足现有城乡参保人个人缴费的差值。这主要是由城乡参保人不同的年龄结构决定

① 少数地区实行三档方案，为简化分析将这类城市归入两档方案中。之所以能够这样做的原因在于，如前文所述，三档方案中的“第三档”基于多样化的考虑设定，除此之外的其他两档，仍各自比照城镇居民医保与新农合进行设定，因此具有与两档方案相同的思路。

② 浙江大多实行县级统筹，分县制定实施细则，但存在市级统一的指导性文件。因此将这类城市也纳入样本，归入多档类别。

的。城镇居民医保作为城镇职工医保在参保范围上的补充，主要吸纳城市中的少年儿童和大学生，而城镇中的老人相当部分为职工医保所包括，因此其参保人的年龄结构较为年轻化。而新农合则不然，大量涵盖了农村地区的老人。学生、儿童相比老人属于医疗消费较低的基金贡献群体，因此原先的城镇居民医保能够以较新农合较小的筹资增加，实现较为显著的待遇提高；相反地，若要达到相同的待遇水平，新农合所需的筹资要远高于城镇居民。因此，即使按照后来中央方案的设计，提升待遇的同时可以将个人缴费也提升至城镇居民水平，整合后的基金仍将面临资金缺口。那么对于二档方案来说，既然维持了原先两类医保筹资待遇的相对独立，是不是就不需要额外投入了？答案也是否定的。这是因为除了需要抹平新农合在县与县之间差距这一因素外，“六统一”中的其他两项——“统一医保目录”和“统一定点管理”，仍然产生资金需求。对于原新农合参保人来说，统一目录意味着保障范围扩大；而统一定点管理意味着原新农合定点医疗机构的范围由县内扩展到市内，农民进入市内三级医院现在可以立即报销，因此将对入城就医产生激励作用。这些隐含的需求释放所产生的支出增加，如果不能由现有的当期结余覆盖，最终都需要通过增加资金投入来弥补；而如果不能大幅提高个人缴费，就需要财政来弥补。财政投入也体现了基本公共服务的特性。

需要指出的是，弥补上述资金缺口并不止于一次性的投入：一旦以整合后新政策的形式确定下来，就将固化为每年固定的成本支出。因此，明确这一支出由哪一级财政承担就显得尤为重要。城乡整合的受惠群体是县内农民，因此由县级财政负担由此增加的民生投入理所当然。然而另一方面，整合后待遇提升的具体程度和需求释放的实际程度，取决于整合政策的设计和整合后基金的管理水平，当市级政府从县级手中接过这两项责任之后，就理应为由此产生的后果负责。因此，如何划分市县两级在整合成本上的分担，难以明确，尤其是在相关金额难以被准确估算的情况下。从自发整合城市的实践来看，63 个城市中有 26 个在整合文件中提及面临基金缺口时的责任分担①，其中 9 个规定由县完全承担，2 个由市完全承担；剩下的由市县共担，其中又有 10 个明确列出市县各自承担的具体比例，县的分担份额在 5%～80%。其他城市则笼统以市县“协调”或“分担”字眼带过。市县分担结果的多样化显示了这一问题的复杂性。这也暗示，一旦市县之间无法就整合成本的分担达成共识，整合可能就难以推行。

对于那些市管县的城市来说，市级财政作为县级财政背后的拨款人，形成市县统一意见可能并不困难。不过近年来，财政省直管县体制得到了大量推广。尤其在 2009 年财政部曾发文，要求 2012 年底前力争全国除民族自治地区外全面推进省直接管理县财政改革。尽管这一文件最终没有得到全面落实，但截至目前，浙江、安徽等十省已先后在全省实现了财政省直管县体制，其他地区也都进行了较大规模试点。在省直管县背景下，收入方面，普遍要求市级不得新增集中县级财力，近半数省份还要求市级不得分享县级的新增财政收入；支出方面，明确转移支付直接由省核定并补助到县，省与县建立直接的财政往来关系。② 依照财权与事权相一致的原则，市级对县级民生支出的责任降低，对其做统一要求的动员能力也降低；而县级在资金运用上的独立性增强，可能更加着眼于自身需要而不是市级要求，来参与城乡一体化的决策。那么这

① 除舟山、青岛等个别城市外，大多数城市选择用兜底的方式来实现整合的投入（“补出口”），而不是直接扩大财政筹资（“补入口”）。在整合成本难以被准确估计的情况下，这也是避免财政资金沉淀在医保的一种方式。

② 根据各省关于财政省直管县体制试点改革文件统计，统计时剔除了港澳台地区、民族自治区和财政上视同少数民族地区的云南省、贵州省和青海省。

一因素在现实中是否影响整合进程，产生效应的规模如何？下面通过实证方法进行考察。

三、模型设定

每个城市都面临不整合、整合为两档（分两档）、整合为一档（分一档）三个选项。经前文分析可知，选项之间并非平行关系，而是呈现一种整合程度递进的次序特征。因此，我们使用有序多元选择模型来描述这一过程。

以 y^* 表示整合条件的成熟度，其构成因素可以被表达为：

$$y_i^* = \beta \cdot cntyratio_i + x_i'\gamma + \varepsilon_i$$

其中，*cntyratio* 表示该市所辖县级单位中财政省直管县所占比重，x 是包含财政收入能力在内的一组表征城市其他特征的控制变量，ε 为误差项，i 指示城市。

实际中，我们观察不到具体的条件成熟度打分 y^*，只能观察到城市的最终选择 y。令 $y=1$，2，3 分别表示不整合、分两档、分一档。城市会根据自身条件选择能够达到的最接近选项。这个过程可以被描述为：

$$y=1（不整合），如果\ y^* \leqslant \mu_1$$

$$y=2（分两档），如果\ \mu_1 < y^* \leqslant \mu_2$$

$$y=3（分一档），如果\ y^* > \mu_2$$

其中 $\mu_1 < \mu_2$ 表示割点（cut points），是有待与 β、γ 一起估计的参数。

设 ε 服从标准 Logistic 分布，使用最大似然法可以实现对上述参数的估计，即为有序 Logit 回归（ordered logit regression）。其中 β 是我们关注的系数。在 Logistic 分布下可推得：

$$\log\left[\frac{\Pr(y_i \leqslant j \mid x_i)}{\Pr(y_i > j \mid x_i)}\right] = \mu_j - \beta \cdot cntyratio_i - x_i'\gamma$$

即 $$\log\left[\frac{\Pr(y_i>j \mid x_i)}{\Pr(y_i \leqslant j \mid x_i)}\right] = -\mu_j+\beta \cdot cntyratio_i+x_i'\gamma,\ j=1,\ 2 \quad (2-1)$$

(2-1)式即为回归方程。其中 $\Pr(y_i>j \mid x_i)$ 是 y 取值在 j 以上的累积概率，$\Pr(y_i \leqslant j \mid x_i)$ 是 y 取值在与 j 相等或以下的累积概率，因此称 $\frac{\Pr(y_i>j \mid x_i)}{\Pr(y_i \leqslant j \mid x_i)}$ 为 $y_i>j$ 相对于 $y_i \leqslant j$ 的累积概率比数或累积机会比(odds ratio)。β 表示省直管县比重的变化对机会比对数的影响。也就是说，在其他条件不变的情况下，省直管县比重 1 单位的增加，将使整合程度提高一个等级或以上的机会比变为原来的 $\exp(\beta)$ 倍。

不过，上述有序 Logit 模型的一个隐含假定是，累积概率比数的比为定值，即 $\frac{\Pr(y_i>2 \mid x_i)}{\Pr(y_i \leqslant 2 \mid x_i)} / \frac{\Pr(y_i>1 \mid x_i)}{\Pr(y_i \leqslant 1 \mid x_i)}$ 为常数。换句话说，这相当于施加了一个限制条件，即要求除常数项之外的解释变量(如财政省直管县比重)，其单位提高对于是否整合以及是否选择一档所带来的影响是相同的。这被称为比例比数假定(proportional odds assumption)。标准有序 Logit 模型也因此又被称为比例比数模型。

如果这一假定不能得到满足，则意味着需要将财政体制对于不同整合等级的作用分别加以分析。允许 β 的数值随着 y 的取值 j 发生变化，则得到广义有序 Logit 模型(generalized ordered logit model)：

$$\log\left[\frac{\Pr(y_i>j \mid x_i)}{\Pr(y_i \leqslant j \mid x_i)}\right] = -\mu_j+\beta_j \cdot cntyratio_i+x_i'\gamma_j,\ j=1,\ 2 \quad (2-2)$$

我们进一步将 $\frac{\Pr(y_i>1 \mid x_i)}{\Pr(y_i \leqslant 1 \mid x_i)}$ 称为“整合机会比”，将 $\frac{\Pr(y_i>2 \mid x_i)}{\Pr(y_i \leqslant 2 \mid x_i)}$ 称为“一档机会比”，因此省直管县比重 1 单位的增加，将带来整合机会比变为原来的 $\exp(\beta_1)$ 倍，一档机会比变为原来的 $\exp(\beta_2)$ 倍。

前文第二部分对财政省直管县体制作用的描述提供了关于 β 符号的

预测：在其他条件相同时，省管县比重较高的城市可能受制于市县对财政责任重新划分的共识无法达成，难以施行整合，因此我们可能观察到β的符号为负。不过，由于无论采用一档还是二档方案，原先各县新农合的政策都面临调整、既有的财政安排都会被打破，因此省直管县体制在整合模式选择中的作用可能不大，因此可能有$\beta_1<\beta_2(|\beta_1|>|\beta_2|)$。

四、数据和变量

我们以《中国城市统计年鉴—2012》所辑录的全部地级以上城市为研究对象①，同时排除那些在中央财政政策中视同少数民族地区的省份②。之所以选择市级作为考察层面，是由于中央方案规定市级为整合后的目标统筹层次。市级同时覆盖城乡，体现城乡统筹的内涵。经剔除后，所得样本城市共 242 个。

以 2015 年 12 月 31 日各地的整合状态为因变量，令未整合为 1，分两档为 2，分一档为 3。对于整合状态的识别，首先使用中国医疗保险研究会提供的《2013 年医疗保险城乡统筹开展情况》，分离出那些截至 2013 年底明确（将要）开展两保整合工作的城市。考虑到其中尚有城市未出台具体的整合方案，我们继而在这一资料基础上进行了逐个的手动筛查，通过公开资料搜索，识别出那些已经完成整合的城市。然后根据其整合文件，手动补入关于分档模式的信息。③ 最终得到一档城市 34 个，两档城市 29 个，其他城市标记为未整合。

对于财政省直管县体制的刻画，使用该市所辖县级单位中省直管县

① 选择 2012 年是由于大部分的自发整合发生在 2010—2014 年，在此使用中间年份。事实上，选择具体哪一年份并不重要，这是因为取值自《城市统计年鉴》的变量均为城市特征，意在反映城市之间的相对差异，因此只需选择同一年份进行比较。特别是在经济相对放缓的 2010 年后，这些差异随年份变化的倾向较小。

② 即各少数民族自治区和云南省、贵州省、青海省。

③ 其中，东莞、佛山、东营、三亚四市在整合之后还进行了两档方案的合一，因此在整合状态中记为一档。从 2013 年底至 2015 年底，没有新的城市宣布整合并出台具体实施方案。

所占比重。其构建方式为：省直管县比重=市辖财政省直管县数量/全市县及县级市总数。财政省直管县数量的统计，依据维基百科“省直管县”词条中所列各省文件整理，其中已整合城市的统计截止到该市整合前一年，未整合城市截止到样本日期。全市县级单位总数的计算，来自《中国县(市)社会经济统计年鉴—2012》所列出的该市下辖县或县级市加总。

为剥离财政省直管县体制的影响，根据第二部分分析，同时控制以下影响城乡医保整合程度的变量。

（1）人均公共财政收入：反映城市财政能力。之所以没有使用人均公共财政支出，主要考虑到支出项中包含一定规模的专项转移支付，不能挪入包括医保补贴在内的一般用途。[①] 该变量的构建方式为：人均公共财政收入=全市公共财政收入/全市总人口。

（2）市辖区人口比重：反映原先两类参保人群的相对规模。城镇居民医保的参保人大多集中在市辖城区，而新农合参保人大多集中在周围郊县。市辖区人口比重越大，参加新农合的人群倾向越少。该变量的构建方式为：市辖区人口比重=市辖区人口/全市总人口。

（3）市辖区人均GDP比重：反映城乡经济差距。其构建方式为：市辖区人均GDP比重=市辖区人均GDP/全市人均GDP。

（4）市辖区医院数量：反映城区供方实力，衡量农村人口跨县就医的动力。作为需方的医疗保险，无论是原有政策制定，还是整合后的制

① 尽管可以使用人均公共财政支出作为城市财政能力的衡量指标，但不宜使用人均公共财政支出在医疗卫生领域的值(财政对居民医疗保险的补贴计入医疗卫生支出)。这是因为：第一，人均财政支出的总额相对稳定，而分配给某一领域的额度可能受到其他领域资金需求的扰动。第二，由于整合往往带来财政相关补贴的增加，因此对于已整合城市来说，这一领域的财政投入可能具有内生性。由于各地整合时间不同，难以取得一个统一的时点来规避内生性问题。因此，使用总的人均公共财政支出是更合理选择。我们也使用人均公共财政支出作为财政能力的衡量，重复了下文所有的回归，所得结果与当前结果完全一致。

度安排，都包含对供方条件的考虑。

（5）65 岁以上人口比重：反映医保覆盖范围内的年龄结构。

（6）总人口：反映医保人群的绝对规模。绝对规模可能与医保统筹区的数量以及政策融合的复杂性有关。

在上述控制变量中，年龄结构的数据来自各省（区、市）《2010 年人口普查资料》，其他变量的数据来自《中国城市统计年鉴—2012》。由于这些外生变量均独立于医保整合政策，因此在进行城市间比较时只需取统一年份，无须考虑各地医保整合的具体时点。①

各变量的描述统计见表 2-2。可以看到，相比未整合城市，已整合城市平均拥有更低的省直管县比重（41.5%比 73.9%）和更高的人均公共财政收入（4818 元比 2868 元）。不过进一步对未整合城市、两档城市、一档城市进行观察，发现尽管人均公共财政收入随着整合程度的提高呈现严整的梯次上升（其值依次为 2868 元、3925 元、5579 元），而省管县比重则不然，一档城市的比重反而较两档城市略高（依整合程度其值分别为 73.9%、39.7%、43.1%）。从整合档位之间的差距来看，省直管县比重在已整合城市明显分别于未整合城市，而人均公共财政收入则是在一档城市明显高于非一档城市。这暗示着两类财政因素发生作用的环节可能不同，省直管县比重更多影响城市是否能够参与整合；而财政能力可能不是能否整合的关键，但却在影响整合模式上发挥作用。这与我们之前的分析一致。

---

① 在中央层面，两类医保主管部门对于整合后医保管理权的争夺被认为是导致整合推进缓慢的主要原因，不过这个因素在地方整合中并不构成外生影响。原因在于，各地关于城镇居民医保与新农合的管理机构设置、主管部门级别都是相同的，并且各地两保主管部门的话语权特征相同。具体地，城镇居民医保归属人社局，新农合归属卫生局，二者的分管副市长通常不是同一人，并且分管人社的副市长通常排位更高；二者也与主管财政的市长或副市长不是同一人。在这种情况下，我们认为当地医保所有权争夺的结果事实上是内生的，来自例如当地两类医保参保人群的规模差异等外生因素。因此，这里不宜作为控制变量出现。

表 2-2　变量的描述统计

变量	样本总体		未整合城市		已整合城市		分两档		分一档	
	均值	标准差	均值	标准差	均值	标准差	均值	标准差	均值	标准差
观测值个数	242		179		63		29		34	
财政省直管县比重(%)	65.5	(41.6)	73.9	(37.9)	41.5	(42.3)	39.7	(40.7)	43.1	(44.3)
人均公共财政收入(百元)	33.8	(39.0)	28.7	(33.3)	48.2	(49.4)	39.3	(31.3)	55.8	(60.2)
市辖区人口比重(%)	34.3	(23.8)	31.1	(20.1)	43.5	(30.6)	39.2	(27.6)	47.1	(32.9)
市辖区人均 GDP 比重(%)	135.4	(41.4)	137.5	(42.3)	129.4	(38.2)	129.0	(44.4)	129.8	(32.7)
市辖区医院数量(个)	73.7	(89.9)	72.9	(87.0)	75.8	(98.3)	101.9	(133.7)	53.5	(43.6)
65 岁以上人口比重(%)	9.1	(1.8)	9.2	(1.6)	9.0	(2.3)	9.7	(1.6)	8.4	(2.6)
总人口(万人)	460.4	(320.5)	450.7	(263.1)	487.8	(446.6)	602.9	(579.3)	389.7	(261.4)

资料来源：《中国城市统计年鉴—2012》，各省（区、市）《2010 年人口普查资料》。

注：①“分两档”中包含整合后待遇分多档的城市；② 3 个城市的市辖区人均 GDP 数据缺失，其市辖区人均 GDP 比重的计算方法为分子使用城镇居民人均可支配收入，分母使用城镇居民人均可支配收入与农民人均纯收入经户籍农业人口与户籍非农业人口加权而得的全市人均收入，数据来自该市《2012 年国民经济与社会发展统计公报》；③ 人均公共财政收入变量进行了高端 1 位的缩尾（winsorize），以避免异常值的影响。

此外，已整合城市还倾向于拥有更高的市辖区人口比重和更小的城乡经济差距；但是在供方体制、年龄结构和人口规模上，与未整合城市的差异则不明显。同样，除了市辖区人口比重之外，其他变量在一档城市与两档城市之间的比较并不能够完全复刻整合与未整合比较中所表现出来的次序，这再次表明解释变量对于不同整合阶段所产生的影响可能具有差异。

五、实证结果

（一）有序 Logit 模型

表 2-3 的第(1)、(2)列报告了使用线性概率模型(LPM)进行 OLS 回归的结果。省直管县比重的系数为负且显著，并且在人均公共财政收入变量加入后保持稳定。人均公共财政收入的系数为正。两个变量的作用方向符合我们之前的预期。不过，由于模型中因变量为离散形式，因此使用线性模型所得结论可能不足以令人信服。

表 2-3 的第(3)、(4)列继而给出了使用标准有序 Logit 模型进行回归的结果。可以看到，所得结果与线性概率模型一致。省直管县比重的系数为负且显著，表明以县为主的财政体制会对整合程度提升产生阻碍作用。人均公共财政收入的系数为正且显著，表明财政能力提高有助于整合程度提升，这也与以往文献中对于财政能力作用方向的描述一致。由第(4)列，城市的省直管县比重增加 10 个百分点，整合机会比和一档机会比将降低为原来的 $\exp(-1.660 \cdot 0.1)=0.85$ 倍；城市的人均公共财政收入增加 100 元，整合机会比和一档机会比将提高为原来的 $\exp(0.011)=1.01$ 倍。这表明，财政能力越强的城市，越倾向于选择更高的整合层次，而财政省直管县体制的普及则不利于高层次整合的进行。

表 2-3 回归结果

因变量 y：不整合=1，分两档=2，分一档=3	LPM (1)	LPM (2)	有序 Logit (3)	有序 Logit (4)	广义有序 Logit (5)		广义有序 Logit (6)	
					y>1(整合)	y>2(一档)	y>1(整合)	y>2(一档)
省直管县比重	−0.509*** (0.122)	−0.477*** (0.125)	−1.743*** (0.397)	−1.660*** (0.404)	−1.825*** (0.398)	−1.239** (0.507)	−1.752*** (0.398)	−1.269** (0.513)
人均公共财政收入		0.003 (0.002)		0.011** (0.005)			0.006 (0.006)	0.017** (0.007)
市辖区人口比重	0.009*** (0.002)	0.007*** (0.003)	0.031*** (0.008)	0.025*** (0.008)	0.030*** (0.008)	0.026*** (0.009)	0.023*** (0.008)	0.023** (0.009)
市辖区人均 GDP 比重	0.001 (0.001)	0.001 (0.001)	0.002 (0.004)	0.002 (0.004)	0.001 (0.004)	0.004 (0.005)	0.001 (0.004)	0.007 (0.006)
市辖区医院数量	−0.002*** (0.000)	−0.002*** (0.001)	−0.008*** (0.003)	−0.011*** (0.003)	−0.008*** (0.003)	−0.010 (0.006)	−0.009*** (0.003)	−0.015** (0.007)
65 岁以上人口比重	0.011 (0.024)	0.019 (0.023)	0.084 (0.085)	0.128 (0.083)	0.124 (0.089)	−0.039 (0.099)	0.176* (0.091)	0.089 (0.111)
总人口	0.000 (0.000)	0.000 (0.000)	0.001** (0.001)	0.002** (0.001)	0.001** (0.001)	0.000 (0.002)	0.002** (0.001)	0.001 (0.002)
常数项	1.230*** (0.266)	1.137*** (0.268)			−2.477** (1.050)	−1.860* (1.115)	−2.984*** (1.081)	−3.626** (1.432)
观测值数量	242	242	242	242	242	242	242	242

注：① 括号内为稳健标准误，*、**和***分别代表在 10%、5%和 1%的水平上显著；② 模型(3)的割点 1 值为 2.125***(1.020)割点 2 值为 3.031***(1.013)，模型(4)的割点 1 值为 2.757***(1.026)割点 2 值为 3.675***(1.027)。

图 2-2 直观地展示了基于模型(4)回归而拟合的整合程度概率，同人均公共财政收入和省直管县比重之间的关系。可以看到，其他条件相同时，随着所辖省直管县比重的上升，城市未整合的概率大幅增加，而整合为一档或两档的概率下降；另外，城市财政收入能力的增强，使得未整合的概率降低，整合为一档的概率明显提高，整合为两档的概率也略有提高。上述变化方式在样本区间内基本保持单调趋势，即对于那些处于不同省直管县比重区段和不同财政收入能力的城市而言，作用的幅度相近。唯一的反常出现在省直管县比重接近 1 的地方，此时比重的提高反而带来未整合概率的降低和整合为一档概率的提高。[①] 造成这一现象的原因可能是由于部分省实行全省范围的省直管县体制，导致一些原本应该处于比重中段的城市移向高段。我们还将在下文的稳健性检验部分继续讨论这个问题。在这里，由于异常作用的幅度较小，不影响我们对于总体结果的归纳。

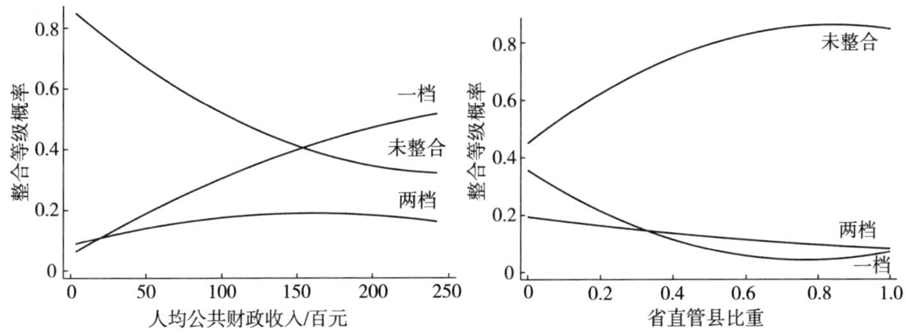

图 2-2　财政因素的整合程度概率二维图

不过，使用 Brant 检验和似然比检验两种方法来检验有序 Logit 模型的平行回归假定，发现回归(4)所依赖的假定基础较为薄弱。表 2-4 显

① 我们也在表 2-3 的模型(4)中加入省直管县比重的平方项作为检验，结果显示系数并不显著。

示，Brant 检验的结果表明，对方程整体进行的检验在 1%水平被拒绝，这意味着解释变量对于不同整合层次所产生的影响程度可能不同。特别地，对模型(4)中省直管县比重和人均公共财政收入两个变量进行单独检验，其 *P* 值都在 0.07 左右，表明二者的作用的确在不同层次选择之间存在差异。与此同时，方程似然比检验的 *P* 值也较低。这些结果暗示，对于财政因素的影响，可能需要根据不同整合层次做分别分析。在这种情况下，为了更准确地描述省直管县体制的作用，适宜使用广义有序 Logit 模型作为分析工具。

表 2-4　平行回归检验

检验	Chi2	*P*>Chi2
Brant 检验(方程)	19.8	0.006
省直管县比重	3.2	0.074
人均公共财政收入	3.4	0.066
似然比检验(方程)	9.8	0.202

(二) 广义有序 Logit 模型

表 2-3 的(5)、(6)列展示了广义有序 Logit 模型下的回归结果。可以看到，省直管县比重的作用的确存在分别。对“整合”的系数为负且显著，表明省直管县比重显著降低进入整合的概率；而对“一档”的系数绝对值小于对“整合”的系数且仍为负，表明省直管县比重产生的阻碍作用在分档选择中较小，主要体现在整合选择中。第(6)列显示，其他条件相同时，省直管县比重增加 10%，整合机会比降低为原来的 exp(−1.752 · 0.1)= 0.84 倍，一档机会比降低为原来的 exp(−1.269 · 0.1)= 0.88 倍。

与之相反，财政收入能力的作用主要体现在分档选择中。对“整合”的系数并不显著，并且系数绝对值近于零；对“一档”的系数表现显著，并且在系数值上较之前有大幅提高。由第(6)列可知，其他条件相同时，城市的人均公共财政收入提高100元，对整合机会比的影响微乎其微，但将带动一档机会比增加为原来的 exp(0.017)= 1.02 倍。这表明，财政能力强只是使城市在选择整合的情况下更偏向于一档而不是两档，却并不能提高城市自发开展整合的倾向。由于普通有序 Logit 回归的系数相当于广义有序 Logit 回归中两个系数的加权平均，因此表 2-3第(4)列人均公共财政收入系数能够为正且显著的主要原因在于财政能力对一档机会比的正效应。

总之，上述发现回应了我们之前的预测，证实在财政能力之外，财政体制也是影响整合程度选择的重要因素。并且，财政收入能力的促进作用只在一档选择中较为明显，而财政省直管县体制的阻碍作用则主要影响是否整合。

除财政变量之外，市辖区人口比重的系数为正且显著，市辖区医院数量的系数为负且显著。这表明其他条件相同时，城镇居民人口的比重越大、城镇医疗资源的优势越不突出，城市倾向于达到的整合层次越高。另外，总人口和 65 岁以上人口比重只对“整合”表现显著，对“一档”并无显著影响。市辖区人均 GDP 比重的系数不显著。

六、稳健性检验和进一步讨论

（一）稳健性检验

以表 2-3 的模型(6)为基准回归方程，我们在这一部分对前述结论的稳健性进行检验。出于篇幅考虑，本部分在报告时只显示两个财政变量的结果。

1. 工具变量法

内生性问题可能引发对于基准模型估计一致性或者能否赋予回归结

果因果性解释的担忧。由于确定省直管县数量的决策由省级依照统一标准做出，对单个市来说可以看作外生，因此在我们以市为视角的回归中，市级层面的变量遗漏一般不产生内生性问题。但仍可能存在省级层面的不可观测变量，同时影响财政省直管县体制和省内城市医保整合的推行。为了排除这一担忧，我们引入工具变量法。①

我们使用省级发布的关于财政省直管县体制改革的文件数量，作为省直管县比重的工具变量。文件数量体现了财政系统内协调市与县财政利益、推行省直管县改革的难度，与最终实现的市级省直管县比重具有相关性；而财政改革的文件数量与医保整合程度之间难以认为存在关联。② 变量取值根据维基百科“省直管县”词条中所列各省相关文件数量加总，样本内该变量均值为1.98，标准差为1.32，最小值为0(直辖市和浙江、福建等始终实行省直管县的地区)，最大值为5。我们首先验证了该工具变量与内生变量的相关性，使用回归方程：

$$cntyratio_i = \theta \cdot file_i + x_i'\delta + v_i \tag{2-3}$$

其中 *cntyratio* 是内生变量财政省直管县比重，*file* 是工具变量省级发布的文件数量，x 是与基准回归方程相同的控制变量组，v 为误差项。估计结果显示，文件数量的系数值为-0.130，在1%水平显著，表明工具变量与内生变量存在相关性；同时，F 检验值为71.21，表明不是弱工具变量。③

---

① 处理省级不可观测遗漏变量的一个通常方法是在方程中控制省份固定效应，但这对于我们的研究情境并不适合。原因在于，控制省份固定效应意味着只能依靠自变量的省内变异来识别其影响，但对于省直管县这样由省级推行的政策来说，一般不会在所辖各市间人为地造成较大的差距或不平衡，这使得省直管县比重的省内变异较小。

② 值得指出的是，财政省直管县改革和居民医保整合之间具有较为明显的先后顺序。省直管县改革开始于2003年，文件出台大多在2005—2009年；而城镇居民医保的试点始于2008年，在此之后才产生了是否要与新农合整合的问题。

③ 我们也仿照方颖和赵扬的方法，对工具变量进行了外生性检验，并获得通过。参见方颖，赵扬．寻找制度的工具变量：估计产权保护对中国经济增长的贡献[J]．经济研究，2011(5)：138-148.

基于这一良好的工具变量，我们继而检验了内生性问题是否存在。具体做法是使用杜宾-吴-豪斯曼检验（DWH test）。将方程（2-3）中回归所得残差项 v 作为自变量，加入基准方程中进行回归，若残差项系数能够拒绝为零的原假设，则认为存在内生性问题。结果显示，残差项对“整合”与“一档”的系数，P 值分别为 0.765 和 0.603，不能拒绝为零的原假设。这表明内生性问题其实并不存在，基准模型的估计结果具有一致性。

在这种情况下，作为一个稳健性检验，我们仍按照 Angrist and Pischke 的方法，使用两阶段方法进行了工具变量法估计[①]。其中第一阶段模型为方程（2-3），第二阶段为以一阶段因变量的拟合值替换原方程中内生变量的基准回归形式。所得结果见表 2-5 的第（1）列。可以看到，省直管县比重对“整合”的系数为负且显著，并且绝对值大于对“一档”的系数，基准回归的结果保持稳健。

2. 排除地区固定效应的影响

自发整合城市大多分布在沿海发达地区，回归结果所俘获的影响可能只是显示了这一地区某些被遗漏的整体特征。为了排除这一担忧，我们将全国分为东部地区、中部地区和西部地区三个部分，使用两个虚拟变量在方程中加以控制，并重复回归。对于地区的划分使用国家统计局的分类方法。由表 2-5 第（2）列可以看到，省直管县比重对“整合”的系数为负且显著，并且绝对值大于对“一档”的系数，基准回归的结果保持稳健。

3. 排除省一级非自发整合的影响

尽管样本中的整合均发生在中央文件出台前，但其中部分城市是由

---

① ANGRIST J D, PISCHKE J S. Mostly harmless econometrics: an empiricist's companion[M]. Princeton: Princeton University Press, 2009.

表 2-5　稳健性检验

因变量：不整合=1，分两档=2，分一档=3	(1)		(2)		(3)		(4)		(5)	
	y>1（整合）	y>2（一档）	y>1（整合）	y>2（一档）	y>1（整合）	y>2（一档）	y>1（整合）	y>2（一档）	y>1（整合）	y>2（一档）
省直管县比重	-2.256** (1.151)	-1.770 (1.133)	-1.727*** (0.462)	-1.343* (0.702)	-1.331*** (0.474)	-0.485 (1.420)	-1.521** (0.631)	0.952 (0.976)	-1.737*** (0.398)	-1.214** (0.509)
人均公共财政收入	0.004 (0.006)	0.0153* (0.008)	-0.017** (0.008)	0.014 (0.010)	0.000 (0.007)	0.031** (0.013)	-0.002 (0.008)	0.028* (0.015)	0.048 (0.031)	0.080** (0.032)
东部地区			2.615*** (0.578)	1.790** (0.802)						
中部地区			-0.589 (0.530)	1.606 (2.071)						
观测值数量	242		242		220		134		241	

注：① 各回归方程中还控制了市辖区人口比重、市辖区人均 GDP 比重、市辖区医院数量、65 岁以上人口比重以及总人口；② 括号内为稳健标准误，*、**和***分别代表在 10%、5%和 1%的水平上显著；③ 由于 2004 年的城市数量为 241，在第(5)列减少了一个观测值。

于受到省级政府的强制要求才开展工作的。例如：山东是在省内尚无任何城市整合的背景下，由省政府做统一要求；广东和浙江的少数城市，其并轨也发生在省级文件下达之后。因此从省的层面来说，这些城市难以称为自发整合。为了排除这一内生性问题对估计结果的影响，我们使用剔除这部分城市的子样本进行重复回归。表 2-5 第(3)列显示，省直管县比重对“整合”的系数为负且显著，并且绝对值大于对“一档”的系数，基准回归的结果保持稳健。

4. 排除省一级全面实施财政省直管县的影响

浙江、安徽、湖北等 10 个省份实行全面的省直管县体制，辖区内所有县均由省财政直管。这意味着对于其中某些市来说，其省管县的比重可能较未有全面推行省份中的同类城市偏高。为了排除此类潜在异常值影响，我们使用剔除这 10 个省份的子样本重复之前的回归，表 2-5 第(4)列的结果表明，所得结果与基准回归一致。

5. 排除财政体制与财政收入相关性的影响

如文献综述部分所提到的，财政省直管县体制可能增加县级财政收入，继而对全市财政收入总量产生影响。如果二者之间存在强烈的因果关系，那么在以省直管县体制为解释变量的方程中加入同期财政收入作为控制，就可能产生“不合格控制变量”（bad control）问题，导致估计的偏误①。从样本实际来看，财政省直管县比重和人均公共财政收入两个变量的相关系数只有-0.3085，产生这一问题的可能性较低。但为了避免由此带来的担忧，我们使用校正这一问题的标准方法，即使用财政省直管县改革之前的 2003 年人均财政收入数据，替代原先的同期财政收入进入回归，以此作为稳健性检验。该数据来自《中国城市统计年

① ANGRIST J D, PISCHKE J S. Mostly harmless econometrics: an empiricist's companion [M]. Princeton: Princeton University Press, 2009: 47.

鉴—2004》。由表 2-5 第(5)列结果可以看到，省直管县比重对“整合”的系数为负且显著，并且绝对值大于对“一档”的系数，这与基准回归的结果一致。

（二）不同市县关系下财政省直管县体制影响的进一步考察

我们已经证明，以县为主的财政体制会阻碍整合的自发进行。不过，文献提示这一作用程度可能随市县关系的不同而有所分别。杨志勇指出，“强市-弱县”下实行省直管体制，会降低市对县的拉动作用，进而削弱县级公共服务的发展；与之相反，“弱市-强县”组合下，通常市管体制可能产生市级对下放县级资金的盘剥，因而由省直管对县级提升公共服务更为有利。① 公共卫生领域的实证研究也证明了这一点。②那么，在居民医保整合过程中，是否也存在类似由于市县力量对比不同而导致的差异？我们接下来就这一问题进行考察。

对于市县强弱的衡量存在两种方法，一种基于经济发展程度，另一种基于财政收入或支出水平。文献中对于使用哪种更为恰当并无明确说法。③为了确保结果稳健，我们同时验证这两类标准，采用的具体指标分别为：

（1）市辖区人均 GDP 比重，表征市县经济发展的相对程度④。

（2）市辖区人均公共财政收入比重，表征市县财政收入的相对强弱。其构建方式为：市辖区人均公共财政收入比重=市辖区人均公共财政收入/全市人均公共财政收入。

---

① 杨志勇.省直管县财政体制改革研究——从财政的省直管县到重建政府间财政关系[J].财贸经济,2009(11):36-41+136.

②③ 刘叔申,吕凯波.“省直管县”财政改革的公共卫生服务水平提升效应——基于江苏省2004—2009 年县级面板数据的分析[J].经济与管理评论,2012,28(4):67-71.

④ 徐雪梅,王洪运,王宁.“省直管县”管理体制改革对策研究——以辽宁省为个案[J].财政研究,2011(2):21-24.

（3）市辖区人均公共财政支出比重，表征市县财政支出的相对强弱。其构建方式为：市辖区人均公共财政支出比重=市辖区人均公共财政支出/全市人均公共财政支出。

按指标取值从低到高排序，分别对样本中的城市进行分组。低值组定义为位于该指标25%分位数以下，这些城市的市辖区数值相对全市整体数值的比重偏低，意味着县的经济实力或财政能力相对较强，即“弱市-强县”；高值组位于75%分位数以上，显示市的经济实力或财政能力明显高于县，即“强市-弱县”；居于其中市县实力相对接近的为中间组。

聚焦是否整合，对分组所形成的三个子样本分别使用二元Logit回归。控制变量仍为前文回归中的控制变量。我们还将各指标与省直管县比重形成交互项，加入相应的回归方程，以期更准确地捕获市县力量相对变化带来的影响；对于使用财政收入或支出指标进行分组的，相应方程中还补入了该指标的水平项。

所得回归结果见表2-6。由于回归模型是包含交互项的非线性模型，对于那些参与产生交互项的变量，无法基于通常报告的系数值和标准误进行统计推断，因此在这里报告经计算后的平均边际效应及其标准误。限于篇幅，只报告财政因素。可以看到，省直管县比重的平均边际效应在任何情况下持续为负，显示偏向县级的财政体制在各类情形下均会阻碍整合的开展。不过，效应的大小随市县相对实力的不同而有所差别。三类指标下的结果均显示，省直管县比重的影响在弱市-强县组［第（2）列］和强市-弱县组［第（4）列］均较大，其中在强市-弱县组更为突出；而在中间组［第（3）列］较小。以市辖区人均GDP比重为例，以此分类的弱市-强县组中，省直管县比重的平均边际效应为-0.378且显著；强市-弱县组中的效应为-0.403且显著；而中间组的数值仅为-0.121且不显著。上述特征在以市辖区人均公共财政收入和市辖区人均公共财政支出划分的回归样本中表现一致。这些结果表明，财政省直管县体制的影响随市县关系的相对变化呈“U”形，无论是县的实力过强还是过弱，都更加不利于整合的自发开展。

表 2-6　不同市县关系下的分组回归结果(平均边际效应)

分组依据	因变量：整合=1，不整合=0	(1) 全样本	(2) 弱市-强县	(3) 中间组	(4) 强市-弱县
市辖区人均 GDP 比重	(指标分位数值)	52.0%~335.3%	<105.7%	105.7%~157.3%	>157.3%
	省直管县比重	-0.279*** (0.058)	-0.378*** (0.123)	-0.121 (0.085)	-0.403*** (0.092)
	人均公共财政收入	0.001 (0.001)	0.002 (0.001)	0.002 (0.002)	0.003 (0.007)
市辖区人均公共财政收入比重	(指标分位数值)	31.3%~698.3%	<123.8%	123.8%~247.4%	>247.4%
	省直管县比重	-0.290*** (0.059)	-0.250*** (0.095)	-0.211** (0.087)	-0.458*** (0.102)
	人均公共财政收入	0.001 (0.001)	0.000 (0.001)	0.001 (0.002)	0.005 (0.009)
市辖区人均公共财政支出比重	(指标分位数值)	32.7%~426.8%	<111.6%	111.6%~190.6%	>190.6%
	省直管县比重	-0.282*** (0.060)	-0.233** (0.091)	-0.191** (0.095)	-0.520*** (0.138)
	人均公共财政收入	0.001 (0.001)	0.001 (0.001)	0.002 (0.002)	0.002 (0.008)
	观测值数量	242	61	121	60

注：① 各回归方程中除两个财政变量之外，还包含省直管县比重与相应指标的交互项，控制变量包括市辖区人口比重、市辖区人均 GDP 比重、市辖区医院数量、65 岁以上人口比重、总人口，以及各指标的水平项；② 分组依照指标值由低到高，第一个四分位数(25%)以下为弱市-强县组，第三个四分位数(75%)以上为强市-弱县组，其余归为中间组，分位数为指标的四分位数值；③ 表中所报告值为各变量的平均边际效应；④ 括号内为稳健标准误，*、**和***分别代表在10%、5%和1%的水平上显著。

这一发现与以往研究有所不同。根据杨志勇等的分析，财政省直管县体制对于基本公共服务均等化的影响随市县关系呈线性变化，市级实力越强阻碍作用越大。[①] 我们的结果证实了强市-弱县条件下的不利影响，但同时表明，县级财力过强也未必有益。这也从侧面印证了我们所指出的省直管县体制的影响存在有别于以往文献的作用途径。医保整合有赖市县一体化协作。而当县级的独立性增强之后，出于保护本地资金外流的考虑，可能不愿意加入整合。对于贫困县来说，其财政能力有限，勉强提高待遇已然吃力，更担心由于本县居民对医疗资源的使用率低，反而导致市级整合后本级的财政补助外流(保险中的“穷帮富”问题)；对于富县来说，其财政能力强，当地新农合保障水平已经与城镇接近，加入整合反而面临本县资金补助了其他县的风险，并且将丧失对本地政策调整的灵活性。在这种情况下，县级实力过弱或过强，都容易引起市县关于整合后责任分担的谈判破裂，继而影响到整合的自发开展。

(三) 对于作用机制的检验

在前文中，我们证明了财政省直管县体制能够直接影响基本公共服务均等化的推进。我们认为，产生作用的机制在于当城乡一体化所引发的资金需求缺乏市县分担依据时，省直管县体制由于强化了县级决策的独立性，使得市县关于整合成本分担的共识难以达成，继而阻碍整合的推行。在本部分中，我们尝试对这一机制进行检验。

责任分担谈判的过程不是公开信息，甚至对于一些未整合城市，由于可预见的分歧而根本不会有实际谈判的发生，这使得我们只能通过对已整合城市谈判结果的观察来进行检验。谈判结果体现在两个角度。最直接的是关于整合所导致基金缺口的分担。然而如前文所述，这一数据

---

① 杨志勇.省直管县财政体制改革研究——从财政的省直管县到重建政府间财政关系[J].财贸经济,2009(11):36-41+136.

也不是可得信息。另一个角度是关于整合后基金管理模式的安排。如第二部分所述，县级不愿意分担资金的原因，是由于整合后向市级让渡了政策制定权和基金管理权，对由此产生的缺口和可能的资金外流因而持谨慎态度。换言之，如果市级想要说服县级改变现状、加入整合，要么市级主动承担更多的整合成本——但对于省直管县来说，其不再为市级贡献新的财政收入，市级很难有能力和动力去这样做——要么市级将整合后部分政策制定权和基金管理权下放，维持县的相对独立性，也就是明确整合成本的责任。这一做法最终体现为整合后新基金的管理模式。如果市级同时让渡部分政策制定权和基金管理权，则整合后基金实行的是“县级统筹”，即在市级统一政策框架的基础上，各县自主确定具体的筹资和待遇，并自收自支；如果市级只让渡基金管理权，则整合后基金实行“市级统筹、分级管理”，即全市统一筹资待遇标准，但是县级自主管理收缴的基金；如果市级不让渡所有权利，则实行的是“统收统支”的管理模式。因此，我们可以通过检验省直管县体制对整合后基金管理模式的影响，来间接了解省直管县体制是否在整合分担谈判中起作用。数据由各市城乡居民医保整合文件中提取。

将县级统筹、分级管理、统收统支视为一组由低到高的次序选择，来替换方程(2-1)中的因变量，使用有序 Logit 模型重复回归。我们构造了三个回归样本。第一，使用原样本中的已整合城市，也就是 2015 年前整合的 63 个城市，来进行估计。表 2-7 第(1)列的结果显示，省直管县比重的系数为负且显著，表明财政省直管县比重越高的城市，越倾向于采用让渡市级权利的管理模式。第二，考虑到在中央方案出台后，原先未进行自发整合的城市也强制进入整合，这些城市尽管不能选择分档，但可以选择基金管理模式。因此我们又逐个收集了这些城市整合后的管理模式，结合其城市特征，构成2015年后整合城市的样本，可得的城市共138个。表2-7第(2)列显示了基于这一样本的回归结果。可以看到，省直管县比重的系数仍旧为负且显著，与我们的预期一致。进一步地，第(3)列与第(4)列给出了以全部整合城市为样本的有序Logit和广义有序Logit模型回归结果。可以看到，省直管县体制系数的结果与前两组相同，表明这一体制的推行的确影响整合后市县责任的划分。因此，省直管县体制可以不通过财政收入影响城乡一体化进程。①

表2-7 省直管县体制对基金管理模式的影响

因变量：县级统筹=1，分级管理=2，统收统支=3	(1) 有序 Logit	(2) 有序 Logit	(3) 有序 Logit	(4) 广义有序 Logit	
				y>1(整合)	y>2(一档)
省直管县比重	−2.107** (0.977)	−1.143** (0.550)	−2.019*** (0.411)	−3.982*** (1.250)	−1.947*** (0.505)
人均公共财政收入	−0.087** (0.040)	−0.122* (0.066)	−0.068** (0.029)	−0.136*** (0.041)	−0.016 (0.024)
观测值数量	63	138	201	201	201

注：①各回归方程中还控制了市辖区人口比重、市辖区人均GDP比重、市辖区医院数量、65岁以上人口比重以及总人口；②括号内为稳健标准误，*、**和***分别代表在10%、5%和1%的水平上显著。

七、小结

本节借助城乡居民医保的自发整合为例，考察以"省直管县"为代表的财政分权体制在社会医疗保险制度结构调整中的作用。以市为考

① 我们还使用Baron and Kenny的中介效应检验方法，检验了基金管理模式作为中介变量的显著性。结果表明中介效应显著，并且在保守估计下起到了部分中介作用。参见BARON R M，KENNY D A. The moderator-mediator variable distinction in social psychological research：conceptual，strategic，and statistical considerations[J]. *Journal of personality and social psychology*，1986，51(6)：1173-1182.

察层面，使用包含63个自发整合城市在内的全国242个地级市为样本，(广义)有序Logit回归的结果表明：财政收入能力有助于提高城市在整合中选择一档的概率，但就是否开展整合而言，起作用的是财政体制。那些辖区内省直管县比重越高的城市，越倾向于避免整合，这种情况在市县力量差距较大的地区更为突出。

这一结果也提示：在纳入效率考量的基本公共服务均等化过程中，财政能力的作用固然重要，但如何处理政策协调后产生的财政责任划分问题，也是值得关注的方面。我们发现，财政省直管县比重越高的城市，整合后越倾向于采用让渡市级权利的基金管理模式，这提示分权式的财政体制能够影响市县关于财政责任的划分；而一旦这一共识无法达成，就可能影响到包括医保整合在内的基本公共服务一体化的推行。这显示了一条财政体制不通过影响财政投入，而直接作用于基本公共服务均等化的新途径。因此，在财政省直管县体制获得较大范围推广的背景下，省级及省级以上政府可能需要在未来医保制度改革中更加积极地作为。

第三节　原有政策差距的影响

一、引言

如前所述，在制度融合层面，“两保合一”需要克服的最大困难就是弥合原有城乡两项医保制度的待遇差距。不过针对这一因素的讨论目前主要限于理论层面，实证研究大多只就某几个城市的整合情况进行分析。例如：许汝言和叶露总结了3个城市的整合经验①；杨晓天为湖北省的整合实践提供了分析②。这些文献针对的是具体案例，未能就整体情况进行讨论。与之相比，熊先军等汇总了截至2010年的整合城市状况，归纳了整合的几种路径③；李忠等对比了各省级层面出台的城乡医保整合文件，总结了各省在整合策略上的共同特征④。使用计量方法，仇雨临等研究了待遇水平和就医选择变化对整合可能性的影响⑤，不过由于其样本仅来自4个城市，结论的可推广性有待证实。总体来看，在整合的制度融合因素方面，尚缺乏具有普适意义的实证研究。

以既有理论为基础，本节继续使用城市层面数据和计量分析方法，对影响整合的制度融合因素展开实证研究。选择那些在中央政策出台前自发开展整合的城市，通过公开资料搜索获得有关其分档模式和整合前待遇差距的信息，形成样本。使用Probit模型回归的结果表明，整合前城市中新农合和城镇居民医保的住院报销比例差距每增加1个百分点，将使该城市整合为一档模式的概率下降1.2个百分点。整合前的制度差异对整合的实现程度有显著负向影响。这提示，就当前“两保合一”而言，中央方案对于过渡期的设置具有必要性；那些已经实现整合的城市也需要在整合后继续配套动态筹资机制等措施，来削减制度差异产生的资金缺口。本节的发现为“两保合一”中制度融合因素的影响提供

---

① 许汝言，叶露．我国基本医疗保险整合模式比较分析［J］．中国卫生资源，2015，18（6）：381-384.

② 杨晓天．湖北省城乡居民医疗保险整合试点：实践、效果及难点分析［J］．湖北社会科学，2017（7）：59-63+134.

③ 熊先军，孟伟，严霄，高星星．医保城乡统筹的路径走势——统筹城乡基本医疗保险制度与管理系列之一［J］．中国社会保障，2011（6）：73-75.

④ 李忠，李伯阳，吴悦，杨坚，南京辉，张亮．我国各省“两保合一”政策分析［J］．中国卫生经济，2017，36（6）：28-31.

⑤ 仇雨临，翟绍果，郝佳．城乡医疗保障的统筹发展研究：理论、实证与对策［J］．中国软科学，2011（4）：75-87.

了定量证据，填补了当前文献缺乏实证研究的缺憾。

本节接下来的部分规划如下：第二部分介绍研究使用的方法和数据；第三部分报告回归结果并进行分析；第四部分小结。

二、方法和数据

（一）模型设定

本节的目的是考察制度融合因素对城乡居民医保整合的影响。由于在中央文件出台后，各地均遵循大致相同的整合模式，不能体现地方因素的作用，因此我们以中央文件出台前那些进行自发整合的城市为研究对象。通过分析这些城市原有医保政策差异对其整合后模式选择（一档或两档）的影响①，来获得制度融合因素发挥作用的定量结果。

每个决定整合的城市都面临两个选择，整合为两档（两档模式）或者整合为一档（一档模式）。因此，我们使用二元选择模型来描述这一过程。以 y^* 表示整合条件的成熟度，其构成因素可以被表达为：

$$y_i^* = \beta \cdot gap_i + x_i'\gamma + \varepsilon_i \qquad (2-4)$$

其中，gap 表示城镇居民医保与新农合的政策差异，x 是一组控制变量，ε 为误差项，i 指示城市。就参保人而言，医疗保险政策的差异主要体现在补偿政策差异，而补偿政策中最明显的量化指标是住院报销比例。因此我们使用整合前当地城乡医保住院报销比例的差距作为制度融合因素 gap 的代理变量。

实践中，我们观察不到具体的条件成熟度打分 y^*，只能观察到城市的最终选择 y。经前文分析可知，一档模式意味着更高的整合程度。令 $y=1$ 表示一档模式，$y=0$ 表示两档模式。城市会根据自身条件选择适合的档位，这个过程可以被描述为：

① 关于整合模式的背景介绍，见本章第二节。

$$y=0(\text{两档模式})，\text{如果 } y^* \leqslant 0$$

$$y=1(\text{一档模式})，\text{如果 } y^* > 0$$

设 ε 服从标准正态(或 Logistic)分布，使用最大似然法可以实现对上述参数的估计，即为 Probit(或 Logit)回归。其中 β 是我们关注的系数。在标准正态分布的情况下，医保报销比例差距对分档选择概率的边际效应为：

$$\text{边际效应}=\phi(\beta \cdot gap_i + x_i'\gamma) \cdot \beta$$

它表示在其他条件不变的情况下，医保报销比例差距一个点的增加，对选择一档概率产生的影响。

在控制变量的设定上，考虑到本书使用的样本量较小，难以容纳更多的控制变量，因此我们只择要控制影响城市分档选择的核心因素，一是农村人口比重，二是人均公共财政支出。当地农村人口比重以县级地区人口占全市总人口的比重衡量，体现当地新农合参保群体相比于城镇居民医保的相对规模。在两保政策差距一定的情况下，参保人的相对数量决定了政策合一需要填平的空间大小。财政能力以当地人均公共财政支出衡量。如前所述，整合中的各项待遇释放，如果不要求居民个人通过增加缴费弥补，就需要通过增加财政投入弥补，因此人均财政支出的能力影响着整合能够实现的程度(第二节也显示了这一点)。

(二) 数据和初步描述统计

研究的样本同第二节，设定为城市层面，观测对象选取那些截至2015年12月实施了自发整合的城市，共计63个。在此基础上进行了两步剔除。一是剔除了天津、重庆两个直辖市，以及位于全省统筹地区的城市三亚。这些城市由于其特殊环境，可能不能对其他城市形成参照。二是剔除了其中2010年之前整合的11个城市。这是由于2010年前整合的城市多是在新建新农合或者新建城镇居民医保的过程中直接将另一方也纳入管理，因此事实上不存在由先前的两类保险合为一类的过程，不存在整合前两保制度的差异。这里之所以选择城市层面，是由于多数地区的原城镇居民医保已经达到市级统筹，因此整合后的居民医保也多为市级统筹。对于那些实行县级整合的地级市，按照市级层面实行两档模式计入样本。最终得到的 49 个城市中，包含实行一档模式的 27 个，实行两档模式的 22 个。

控制变量中，人口数据来自各省统计年鉴，城乡收入数据来自各市国民经济和社会发展统计公报，该两项数据均取整合年度的向前两年为时点（如该市 2015 年执行整合政策，则取 2013 年数据）。这是考虑到制定整合政策时，能够获得的统计数据是两年之前的。① 人均公共财政支出来自各市年度财政预决算报告，该项数据均取样本期的中间时点 2012 年，便于不同地区在同一基准上比较经济实力。整合前医保住院报销比例的数据来自网络公开发布的各市新农合和城镇居民医保补偿政策，以二级医院住院报销比例差距和三级医院住院报销比例差距的平均值衡量。对于那些在待遇设计上实行分档累加报销的城市，选取医院住院医疗费 1 万元以下段所对应的报销比例纳入计算②；对于那些新农合实行县级统筹、在同一市内存在多个统筹区从而有多个新农合报销比例的城市，采用当地人口最多或者次多的县或县级市的报销比例纳入计算。该项数据也取整合前两年为时点。这样做的目的在于规避整合前一年部分城市可能采取的过渡性待遇政策设置，从而避免对两保差距计算的干扰。

---

① 例如 2015 年末颁布整合政策，年初开始筹备时，前一年的统计资料尚未公布，只能获得向前两年的统计资料。

② 选择 1 万元以下是因为各地的次均住院费用普遍不超过 1 万元。

数据的初步描述统计见表2-8。选择一档模式和两档模式的城市分别列出。为了部分地排除遗漏变量的担心，我们也加入城市的人均GDP和城乡收入之比进行比较，数据来自各市2012年的国民经济和社会发展统计公报。可以看到，采用两类方案的城市，整合前在两保待遇差距、农村地区人口比重以及人均公共财政支出上均存在差别。其中差异最大的是医疗保障待遇。不考虑城镇居民医保更大的目录、更高的封顶线，仅就报销比例而言，一档地区的两保报销比例十分接近，二三级医院报销比例的平均差距仅为0.6个百分点；而在两档地区，这一差距达到5.5个百分点。在城乡差距方面，一档地区的农村人口比重高于两档地区（农业户籍人口比重54.5%比52.2%，所属县或县级市人口比重58.8%比54.6%），但城乡收入之比并没有明显分别。在城市经济实力方面，一档地区的人均GDP虽然略低，但是人均公共财政支出却较两档地区更高。由此可见，整合前两保报销比例差距、农村地区人口比重以及人均公共财政支出可能是影响整合模式选择的主要因素。因此，我们以整合模式的选择作为因变量，在控制县级地区人口比重、人均公共财政支出的情况下，对报销比例平均差距这一变量进行回归。①

表2-8　自发整合城市分整合模式特征统计

项目	一档	两档
观测值数量	27	22
原政策平均报销比例(%)		
其中：城镇居民医保二级医院	64.2	68.7
新农合二级医院	65.3	65.6

① 我们也使用其他变量加入回归，例如以农村户籍人口比重替代县级地区人口比重，以人均GDP替代人均公共财政支出，加入县级地区人口数量的绝对数值，加入二级医院或三级医院报销比例的绝对数值等，所得结果的显著性均不及原模型。

续表

项目	一档	两档
城镇居民医保三级医院	55. 1	59. 5
新农合三级医院	52. 8	51. 8
报销比例平均差距(百分点)*	0. 6	5. 5
全市户籍人口(万人)	469	424
其中：农业人口占比(%)	54. 5	52. 2
县级地区人口占比(%)	58. 8	54. 6
2012 年人均公共财政支出(元)	6405	6292
城镇居民人均可支配收入(元)	21967	23710
农民人均纯收入(元)	9176	9793
城乡居民收入比(%)	2. 5	2. 5
2012 年人均 GDP(元)	43852	51472

资料来源：各市医保政策文件，各市国民经济与社会发展统计公报，各省统计年鉴。

注：在报销比例政策依金额不同而分段时，考虑到各地的次均住院费用在 1 万元以下，取 1 万元以下的报销比例；报销比例平均差距的计算公式为：（两类医保二级医院报销比例差距+两类医保三级医院报销比例差距）/2。

使用分位数统计检验样本中是否有异常值，发现人均公共财政支出在厦门的数值畸高，高出倒数第二位城市 50%，与样本其他城市差异较大。因此在回归前对样本进行进一步处理，对人均公共财政支出进行高端一位的缩尾(winsorize)。

三个解释变量的相关系数见表 2-9。可以看到，变量之间的相关程度不高，不存在共线性问题。

表 2-9　变量的相关系数

相关系数	县级地区人口比重	人均公共财政支出	报销比例平均差距
县级地区人口比重	1. 0000		
人均公共财政支出	−0. 5578	1. 0000	
报销比例平均差距	0. 0616	0. 0381	1. 0000

三、实证结果

使用方程(2-4)进行回归的结果见表 2-10。我们首先通过一个不包含任何控制变量的模型，来观察报销比例差距对整合模式选择的影响。在模型(2-4)中去掉两个控制变量进行回归，第(1)列线性回归模型(LPM)的结果显示，报销比例差距的系数为负且在 5%水平显著，表明整合前两保报销比例差距越大的地区，越倾向于选择两档方案。第(2)列的 Probit 模型也得到了一致结果。回归系数的值为-0.0171，表明两类医保的报销比例差距每增加 1 个百分点，将使得整合为一档的概率降低 1.7 个百分点。

表 2-10 的第(3)列和第(4)列显示了加入两个控制变量后的结果。可以看到，报销比例平均差距的系数仍然为负且显著，Probit 模型的回归结果为-0.0175，在符号和数值上均与简单模型保持一致。县级地区人口比重和人均公共财政支出两个变量的系数不显著，原因可能在于这两个因素的影响并非线性。因此，将两个变量的平方项也作为控制变量加入回归，所得结果见表 2-10 的第(5)、(6)列。平方项的加入提升了控制变量的显著性水平以及模型的拟合程度，LPM 模型的 R 平方值由 0.090 上升到了 0.270。报销比例平均差距的系数仍然在 10%水平显著，Probit 模型的系数为-0.0118，与之前相比有略微下降但保持稳定。使用另一类二元选择模型 Logit 模型回归，也验证了相似的结果，见第(7)列。总之，报销比例差距对于整合程度的负向影响获得了证实。在基准模型(6)中，整合前两类医保的报销比例差距每增加 1 个百分点，将使得整合为一档的概率下降 1.2 个百分点。

我们继而使用第(6)列基准模型回归的系数，计算样本内每一个城市的拟合概率。将选择一档的拟合概率与该城市的报销比例差距联系起

表 2-10 回归结果

变量	(1) LPM	(2) Probit	(3) LPM	(4) Probit	(5) LPM	(6) Probit	(7) Logit
报销比例平均差距	-0.0161** (0.00697)	-0.0171** (0.00774)	-0.0167** (0.00719)	-0.0175** (0.00765)	-0.0140* (0.00829)	-0.0118* (0.00679)	-0.0130* (0.00694)
县级地区人口比重			0.00249 (0.00347)	0.00236 (0.00308)	0.0219*** (0.00723)	0.0249** (0.0119)	0.0241** (0.0115)
人均公共财政支出			0.00767 (0.0243)	0.00723 (0.0219)	-0.296*** (0.0925)	-0.293*** (0.0810)	-0.298*** (0.0769)
县级地区人口比重平方					-0.000186** (8.92e-05)	-0.000212* (0.000109)	-0.000207* (0.000106)
人均公共财政支出平方					0.0175*** (0.00464)	0.0179*** (0.00502)	0.0180*** (0.00478)
常数项	0.596*** (0.0661)		0.408 (0.317)		0.998*** (0.343)		
观测值数量	49	49	49	49	49	49	49
R^2	0.078		0.090		0.270		

注：① *、**和***分别代表在10%、5%和1%的水平上显著；② 括号中为标准误，其中LPM模型的标准差为稳健标准误；③ Probit模型和Logit模型的系数为边际效应；④ 人均公共财政支出以千元为单位投入运算，并进行了最高端1个观测值的缩尾(winsorize)处理。

来，结果见图 2-3。可以看到，报销比例差距对一档选择展现出明显的负向影响。因此，对于地方社会保障部门来说，整合推进迟缓的原因可能并不仅仅是管理体制合并困难，原有政策差异也是重要因素。

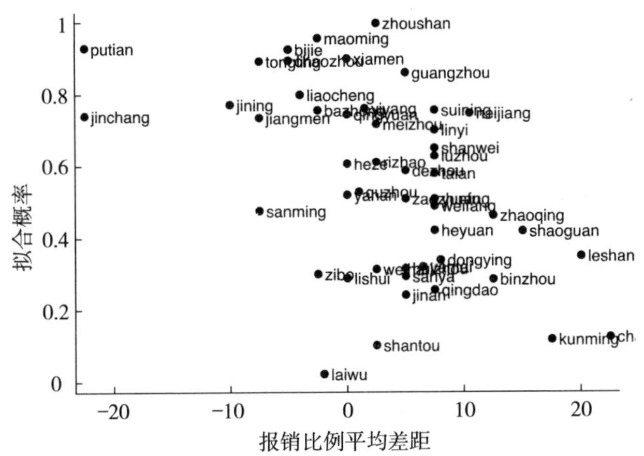

图 2-3　选择一档方案概率与报销比例平均差距的关系

关于两个控制变量。我们也将县级地区人口比重与人均公共财政支出分别与拟合的一档选择概率进行关联，结果分别见图 2-4 和图 2-5。由表 2-10 可知，两个变量的水平项和二次项均显著，因此表现出非线性特征。县级地区人口比重的水平项系数符号为正，二次项系数符号为负，应为倒“U”形影响；但由于在系数规模上二次项系数绝对值很小，因此该自变量在样本可能取值的［0，1］区间段均位于倒“U”形的左半部分(上升部分)，这在图 2-4 中有所显现。这表明，其他条件相同时，乡村人口比重越高的城市越容易采用统一方案。其原因可能在于，往往乡村人口占绝大多数的城市，其城区的经济发展水平也低，城乡差距较小；而当城镇人口达到一定规模时，往往分化出富裕城区、一般城区、近郊、远郊等多层次的城乡差距，为统一方案的推行带来困难。图 2-5 显示，人均财政支出的影响呈正“U”形，左半部分显示人均财政支出越低的地区越容易达到一档，其原理可能与上述县级地区人口比重带来变化的原理相同；而右半部分则表明，财政能力极强的地区确实可以通过增加补助的方式弥补个人筹资不足，从而强制并入一档。

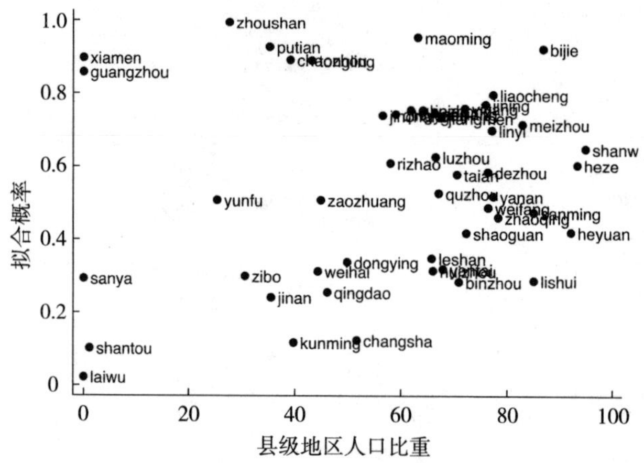

图 2-4　选择一档方案概率与县级地区人口比重的关系

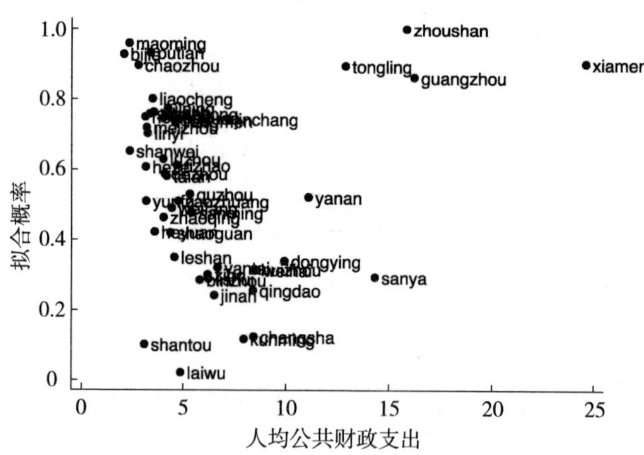

图 2-5　选择一档方案概率与人均公共财政支出的关系

四、小结

使用计量方法和地级市层面数据，本节定量分析了两保原有制度差异对城乡居民医保整合的影响。在控制了当地县级人口比重和人均财政支出之后，Probit 模型回归的结果表明，整合前新农合和城镇居民医保的住院报销比例差距每增加 1 个百分点，将使整合为一档模式的概率下降 1.2 个百分点。原有政策差异对整合程度有显著负向影响。

本节的结果表明，中央方案所提出的过渡期设置，具有合理性。借助过渡期的调整，有助于原有政策差距较大的地区逐步克服不能达成整合的障碍，实现城乡统筹。对于那些已经实现医保整合的城市，特别是一档城市，可能需要通过配合建立动态筹资机制等方式，来弥补由整合前制度差异造成的整合后制度性资金缺口。本节的结果也提示，地方各部门在未来制定政策时，应有统筹观大局观，在做好分内之事的同时，注意相互协调，避免新的制度不平衡因素出现。

— 本章参考文献 —

[1] ANGRIST J D, PISCHKE J S. Mostly harmless econometrics: an empiricist's companion[M].Princeton: Princeton University Press,2009.

[2] BARON R M,KENNY D A.The moderator-mediator variable distinctionin social psychological research: conceptual, strategic, and statistical considerations[J].*Journal of personality and social psychology*,1986,51(6): 1173-1182.

[3] 曹玉书,楼东玮.资源错配、结构变迁与中国经济转型[J].中国工业经济,2012(10):5-18.

[4] 陈抗,Arye L. Hillman,顾清扬.财政集权与地方政府行为变化——从援助之手到攫取之手[J].经济学(季刊),2002(4):111-130.

[5] 陈思霞,卢盛峰.分权增加了民生性财政支出吗?——来自中国"省直管县"的自然实验[J].经济学(季刊),2014,13(4):1261-1282.

[6] 邓曲恒.农村居民举家迁移的影响因素:基于混合 Logit 模型的经验分析[J].中国农村经济,2013(10):17-29.

[7] 方大春,杨义武.城市公共品供给对城乡人口迁移的影响——基于动态面板模型的实证分析[J].财经科学,2013(8):75-84.

[8] 方颖,赵扬.寻找制度的工具变量:估计产权保护对中国经济增长的贡献[J].经济研究,2011(5):138-148.

[9] 傅勇,张晏.中国式分权与财政支出结构偏向:为增长而竞争的代价[J].管理世界,2007(3):4-12+22.

[10] 高秋明,朱恒鹏,陈晓荣.城乡医保并轨与财政投入:基于已整合城市的分析[J].中国财政,2016(5):50-54.

[11] 蒋云赟,刘剑.我国统筹医疗保险体系的财政承受能力研究[J].财经研究,2015,41(12):4-14.

[12] 金维刚.统筹城乡医保的困境与出路[J].中国医疗保险,2012(4):11-13.

[13] 李亚青.社会医疗保险财政补贴增长及可持续性研究——以医保制度整合为背景[J].公共管理学报,2015,12(1):70-83+156.

[14] 刘叔申,吕凯波."省直管县"财政改革的公共卫生服务水平提升效应——基于江苏省 2004—2009 年县级面板数据的分析[J].经济与管理评论,2012,28(4):67-71.

[15] 刘佳,吴建南,吴佳顺.省直管县改革对县域公共物品供给的影响——基于河北省 136 县(市)面板数据的实证分析[J].经济社会体制比较,2012(1):35-45.

[16] 仇雨临,翟绍果,郝佳.城乡医疗保障的统筹发展研究:理论、实证与对策[J].中国软科学,2011(4):75-87.

[17] 申曙光.全民基本医疗保险制度整合的理论思考与路径构想[J].学海,2014(1):52-58.

[18] 谭之博,周黎安,赵岳.省管县改革、财政分权与民生——基于“倍差法”的估计[J].经济学(季刊),2015,14(3):1093-1114.

[19] 王德祥,李建军.人口规模、“省直管县”对地方公共品供给的影响——来自湖北省市、县两级数据的经验证据[J].统计研究,2008,25(12):15-21.

[20] 熊先军,孟伟,严霄,高星星.医保城乡统筹的路径走势——统筹城乡基本医疗保险制度与管理系列之一[J].中国社会保障,2011(6):73-75.

[21] 徐雪梅,王洪运,王宁.“省直管县”管理体制改革对策研究——以辽宁省为个案[J].财政研究,2011(2):21-24.

[22] 许汝言,叶露.我国基本医疗保险整合模式比较分析[J].中国卫生资源,2015,18(6):381-384.

[23] 杨晓天.湖北省城乡居民医疗保险整合试点:实践、效果及难点分析[J].湖北社会科学,2017(7):59-63+134.

[24] 杨志勇.省直管县财政体制改革研究——从财政的省直管县到重建政府间财政关系[J].财贸经济,2009(11):36-41+136.

第三章 “三保合一”的改革方向

随着2016年国务院《关于整合城乡基本医疗保险制度的意见》出台，全国各地相继开展了城镇居民医疗保险和新型农村合作医疗的整合，形成了统一的城乡居民医疗保险，即“两保合一”。按照部署，这一工作将在2019年全面完成。而下一步社会医疗保障体系改革的一个方向，就是推动职工医保与居民医保的融合，也就是“三保合一”。本章即对照现有理论与实践，从改革的动因、关键环节、现有实践等方面探讨这一问题。

第一节 “三保合一”的动因

一、适应灵活就业发展的需要

“三保”按身份参保的隐含条件是各类身份稳定不变，但是在当前灵活就业的新形势下，职工与居民之间的身份切换变得频繁。2015年国务院以国发〔2015〕32号文件印发《关于大力推进大众创业万众创新若干政策措施的意见》，推进“大众创业，万众创新”。创业企业相对传统企业有更灵活的组织方式，也面临更高的更替率。在“离开原单位创业、创业中、创业失败再就业或再创业”的过程中，人员与单位之间的高度依附关系大大削弱，职工与居民之间的界限变得模糊。

由此产生的影响是：首先，参保人在职工和居民两种制度中转换，自身会产生损失缴费年限累积、断保形成等待期等问题，也给医保部门办理相关业务增加了成本。而社会保障体系应当起到为经济发展提供支撑的作用，而不是增加障碍。其次，尽管各地医保为灵活就业人员都提供了制度安排，鼓励其进入职工医保参保，但从现实来看，由于职工医保与居民医保的缴费相差较大，并且需要灵活就业者个人负担单位缴纳部分，这一群体往往转入居民医保。大量年轻基金贡献群体的转移也不利于维持现有职工医保的稳定运行。因此，需要打通现有职工与居民医保制度。

二、缓解医保基金地区分割的影响

我国的社会医疗保险体系除了按身份板块分割之外，还有一个重要特征是按地区分割。目前社会医疗保险大多以地级市为统筹单位，这意味着按身份划分的保险基金又进一步按照行政区划被割裂，单个基金覆盖的人口规模进一步缩小。因此就地区层面而言，实现统筹区内各类基金合并的一个益处在于扩大医保基金池所囊括的参保规模，从而在更大程度上发挥保险的互助共济功能，降低基金风险。

这一收益的达成进一步取决于不同地区职工参保人和居民参保人的规模。参保群体规模除了与当地人口规模（城市规模）紧密相关，也在很大程度上取决于当地的经济结构。传统老工业城市国有企业多，职工参保群体大，城镇成年人包括老年人大多归属职工医保，因此居民医保参保人规模可能偏小；而以乡镇经济为主的新兴城市则相反，职工参保人往往只局限在当地机关事业单位，规模有限。无论是由于哪种原因，如果职工医保或居民医保中的某一方规模过小，都会使得该保险基金支出的波动风险较大，继而使扩充其参保规模变得必要。而合并保险类别就成为一种自然的解决方案。

相较于其他方案，例如进行省级统筹，在地区内部进行"三保合一"是市级政府就能决定的，因而自主性强，更具有操作上的可行性。特别是经过医疗保险的城乡整合后，许多地区的居民医保统筹层次提升到了市级，这意味着对居民医保基金的兜底责任也部分地转移到了市级财政。市级同时集中了职工医保和居民医保的责任，合并两类基金在市级层面的障碍也变得更小。

三、降低财政兜底负担的需要

从财政的角度来看，"三保合一"也是一种提高资金使用效率、降低未来财政负担的方式。尽管筹资机制不同，但职工医保和居民医保都有财政兜底的承诺。这意味着从财政角度，如同保险公司发行多种保险一样，收取的保费如果汇入同一个池子使用则可以提高整体资金运行效率、降低运营风险。如果两类基金分离，在职工医保基金有盈余而居民医保基金亏空的情况下，财政当期承担兜底责任而不能从职工医保基金中进行调剂，事实上相当于将一部分财政资金沉淀在了职工医保中。不过需要指出的是，保险公司能够合并基金的前提是承诺为每一个险种提供足额支付；医保基金合并如果不附加任何制度重构，也意味着需要切实履行关于待遇水平的承诺，特别是对那些现在缴纳超额费用退休后才享受待遇的职工群体。

第二节　“三保合一”的关键环节

一、目标模式选择

在以现行制度为基础，不大幅改变现有筹资待遇的前提下，“三保合一”可能的目标模式主要有以下两种。

（一）基本层加补充层模式

按照国际劳工组织和世界卫生组织的提议，理想的社会保障体系应当是一个按照覆盖人群、保障水平、筹资渠道不同来划分的三层结构①：第一层是公益性质的基本保障层，覆盖全体国民，无须缴费、待遇统一，以政府投入的方式运行；第二层是国家强制推行的社会保险，主要面向在职工作者，筹资来自个人和雇主的缴纳，相当于基本层之上的补充层；第三层是由个人自愿参加的、完全由个人筹资的保险计划，即商业保险。社会医疗保险体系也可以按照这一方式进行重构。具体地，可以在现有职工医保的筹资和待遇中剥离出相当于居民医保水平的部分，将此与原居民医保合并成为新的全民医疗保险，也就是基本层②；在此之上，将剩余原职工医保的部分改造成一种强制性的职工补

① International Labor Organization. Social security for all：Building social protection floors and comprehensive social security systems[R/OL].(2012-12-20)[2018-12-20]. http://www.ilo.org/secsoc/information-resources/publications-and-tools/books-and-reports/WCMS_SECSOC_34188/lang—en/index.htm.

② 从构建全民医保基本层的原理来看，职工保险分离入基本层时应当补入财政资金，也就是在这一层将职工参保人与居民参保人同等看待，都适用相同的福利性筹资方式。不过这只是在构建原理上。实际上，财政资金补入并不是实现职工医保分离的条件，职工医保可以直接分割为两个部分。

充保险。① 如图 3-1 所示。

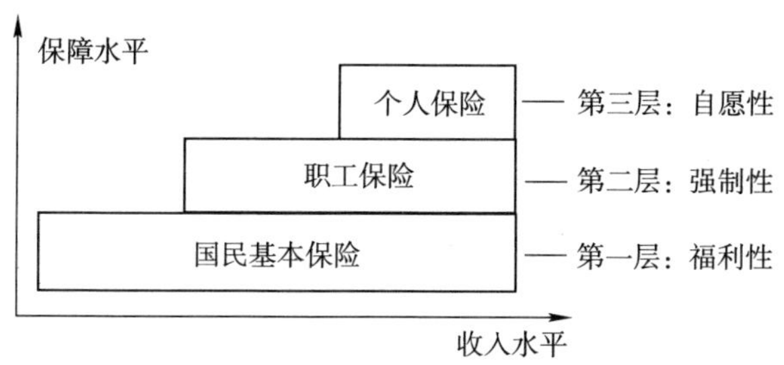

图 3-1　基本层加补充层模式示意图

相对于纵向割裂的保险组织形式，这一模式下医保身份的转换只涉及补充保险部分的调整，转换更为简化。按照这一方式改造社会医疗保障体系，主要好处是权利义务关系清晰。第一层属福利性质，国民无论就业还是不就业、选择有雇主的就业还是无雇主的就业，都能够获得由国家资金提供的基本保障；而由个人缴费所形成的权益，包括雇主和雇员缴费形成的第二层保险权益，将完全对应于缴费人，与第一层实现分离。不过，这一方案涉及现有保险体系的拆分重构，因此对制度设计能力要求较高。如何拆分现有的职工医保，设定厚度为多少的基本层和补充层，是一个难点。

（二）居民依附职工参保模式

“三保合一”的另一种方式是效仿台湾健保模式，彻底免除居民的缴费义务，建立以职工为核心的家庭参保模式。台湾地区的“全民健康保险制度”（简称“健保”）中，职工作为核心参保人，为自己和无工作的家庭成员（包括老人、儿童和其他成年人）缴费，全家一起进入保险。也就是说，相当于家庭中只有职工缴费，居民不缴费，居民通过挂

① 朱玲.转向适应市场经济运行的社保体系[J].劳动经济研究,2014,2(4):3-20.

靠有工作者直接获得保障（详见边栏 3-1）。所有人享有同样的保障待遇。

在这一模式下，职工和居民医保身份的转换处在同一个保险内部，因此转换成本很低。并且对于灵活就业人员来说，由于还负担着全家其他成员的缴费，会更积极地以职工身份参保，这有利于基金的稳定运行。不过这一模式的问题在于，只适宜在全国层面推行，难以在单一城市试点。原因在于，人口流动背景下改革会产生“洼地”效应。工业生产具有规模经济和产业集聚的特征，工业生产往往伴随着大规模的人口流动，这与农业生产不同。外来务工人员在务工地参加职工医保，而其家属尚在外地，不具有务工当地的居民户籍，也就不属于务工地居民医保的覆盖范围。那么如果务工地推行试点改革，不能将这些家属纳入享受待遇，就会使外来务工人员的保险权益受到损害，也降低其参保积极性；而如果允许这些家属参保享受待遇，则会产生改革“洼地”效应，招致其他地区人群特别是患病人群纷纷借助这种渠道进入当地。特别是在一名职工可携带多名家属的情况下，潜在参保人数量可能成倍增加，给基金造成支付压力。这种汇聚道德风险的“洼地”效应，只会在一个地区改革、其他地区不变的情况下出现，而在全国层面统一推行的情况下则不存在。

边栏 3-1：台湾地区“全民健康保险”对于职工和居民的划分

台湾健保的保费按职业类别划分，不同职工人群依据其缴费能力，适用于不同的财政补助水平。例如，公务员的财政补助为 0，而农业工作者的财政补助为 70%。上述职工的眷属在同一类别参保，以家庭为单位依附职工进入保险。但缴费者只有职工本人，缴费基数与职工个人工资相关（因此同一家庭中工作者越多则缴费越多，为改变这一情况“二代健保”改革中改为按家庭总收入为基数缴费)。值得一提的是，各个类别虽然缴费不同，但享受待遇都相同，因此是统一的全民医疗保险制度。

表 S3-1 台湾健保筹资分担情况

类别	保险对象(包括本人及家属)	“一代健保”负担比率(%)			“二代健保”负担比率(%)		
		投保人	投保单位	政府	投保人	投保单位	政府
第一类	1. 工职人员、公务员	40	60	0	30	70	0
	2. 私立学校教职员	40	30	30	30	35	35
	3. 受雇主	30	60	10	30	60	10
	4. 雇主、自营业主	100	0	0	100	0	0
	5. 专技人员、自执业者	100	0	0	100	0	0
第二类	职业工会会员、外雇船员	60	0	40	60	0	40
第三类	农、渔、水利会员	30	0	70	30	0	70
第四类	军眷家户代表	40	60	0	0	0	100
第五类	低收入户成员	0	0	100	0	0	100
第六类	1. 荣民/荣民遗眷家户代表(本人)	0	0	100	0	0	100
	2. 荣民/荣民遗眷家户代表(家属)	30	0	70	30	0	70
	3. 其他地区人口	60	0	40	60	0	40

资料来源：引自叶杨晖，肖林镕．台湾地区两代全民健保制度的剖析［J］．海峡科技与产业，2013(1).

注：各类眷属及第六类被保险人均须为无职业者。

二、处理现有制度框架差异

职工医保与居民医保在制度框架上的差别主要有两点：一是在筹资上，居民医保需要终身缴费，而职工医保筹资具有在职缴费、退休不缴费的特点，这使得职工医保具有“半积累”性质。二是在基金构成上，职工医保有个人账户设置，居民医保并无个人账户。总体来看，第一点是整合中需要着重处理的问题，因其涉及职工权利的保障。

（一）职工医保的半积累性质

理论上，缴费时限的不同并不构成职工医保与居民医保合并的障碍，这是因为由职工退休不缴费所导致的在职时期需要补缴的金额是可以通过精算方法计算的。举一个简化的例子：假定职工参保群体和居民参保群体的年龄分布和医疗消费特征都相同，且在长期中保持稳定，他们获得的保障水平也相同。这时候二者的筹资差异就应当仅来自居民需要终身缴费而职工只需要在职期间缴费这一缴费时限差异。那么如果现在满足收支相等的筹资水平是 1 元，也就是说有 1 个人参保平均就要筹集 1 元钱，如果有 100 个居民参保人，每个居民需要缴纳的保费是 1 元；而有 100 个职工参保人，其中 60 人在职、40 人退休，那么这 60 名在职职工就需要承担 100 个人的费用，每人缴纳 1.67 元。这就可以得到职工参保人缴纳的金额应该是居民的 1.67 倍。这一具体倍数与在职职工和退休职工的比例（抚养比）有关。由此可见，合并医保后两类参保人的缴费金额关系是容易计算的。虽然在现实中，两类参保人的年龄分布、医疗消费特征、待遇水平等不同，且可能随时间变化，但这一大致关系仍然存在。

不过，职工医保“半积累”筹资的存在，的确会使得在基金合并后职工参保人的保险权益面临风险。在职职工已经预付了退休后的保费，这意味着医保应当履行维持其退休后待遇水平的承诺。在当前抚养比较高的情况下，职工医保基金普遍相对居民医保充裕。这时候合并居民和职工医保基金，很可能出现居民医保侵蚀职工医保基金，导致未来职工待遇不得不降低的问题。职工待遇的降低不仅体现在保障政策下调，还可以体现为就医可及性受损。例如，由于基金合并，居民用尽了分配给医院的总额，而导致职工患者被医院拒收。这种短期中居民对基金的使用导致长期中职工参保人利益受损的问题，是合并基金的最大风险。这与商业保险中财产保险与人寿保险不能由同一家公司经营是同样道理，所要防范的就是人寿保险的长期资金被财产保险的短期亏损占用，导致长期内待遇不能正常给付。

在财政资金充裕、能够确保承担兜底责任的情况下，关于职工现有保障水平的承诺能够切实被履行，上述问题不会出现；而如果不具备这样的条件，合并基金以后的待遇调整（或筹资调整），特别是面向职工的待遇调整（或筹资调整），将变得困难。一旦财政支付不足而要求降低职工医保待遇，就可能直接导致职工参保人的利益受到损害（见边栏3-2）。

处理这一问题的一个方法是，不将两类基金全部混同，而是以某种形式将职工医保的一部分基金独立出来，保持原有专款专用的特征。这使得职工在混同基金情况下不能获得的保障水平和就医可及性仍能够通过专款专用部分得到保障。具体做法，可以借用目标模式中基本层加补充层模式的设计，以职工医保的一部分与居民医保合并起来构成基本层，剩余部分形成职工额外补充保险。由此也为未来医保政策调整创造空间。

边栏3-2：美国联邦医疗保险与财政的关系

在美国，65岁以下人群的医疗保险由商业保险公司覆盖，65岁以上人员的医疗保险由“联邦医疗保险”（Medicare）承担，属国家运营的社会医疗保险。联邦医疗保险的筹资主要来自专项税收，称为“联邦医疗保险税”（Medicare tax），这一税收由职工和单位共同缴纳（一般各1.45%，共2.9%）。参保人必须缴纳满一定年限（一般10年）才能够在65岁之后享受联邦医疗保险，否则需要补缴。联邦医疗保险分为四个保障计划，分别覆盖住院、门诊、补充保险和额外药品等部分，其中保障住院医疗的A计划(Medicare Part A)，是无须65岁后继续缴纳保费即可享有的医疗服务。也就是说，个人在工作时缴纳医疗保险税，在年老时不缴费即可享有住院医疗服务。这与我国职工医保在职缴费、退休不缴费的情形相近(但我国在职缴费在职也享受待遇，而美国联邦医疗保险只是退休后才能享受待遇)。不过值得注意的是，联邦医疗保险缴费的是职工，但享受待遇与缴费无关，也就是职工和居民都可以。之所以职工不会对此有异议，是由于筹资是用税收形式筹集的，而不是特定保险保费的形式。

A计划表面上是一种信托基金形式，联邦医疗保险税收缴后全部进入由联邦政府负责管理的医疗保险信托基金(Medicare HI trust funds)，专款专用。信托基金的形式意味着，根据法律，政府只负责管理，没有为基金兜底的责任，这与我国的职工医保显著不同。那么在基金入不敷出时怎么办？削减待遇就成为一个选项。这反映了信托的特点，收益直接来自开始投入的资金，继而根据收益的多少确定待遇。1983年美国的社会保障改革，一个重要原因就是养老保险金预计将耗尽，促使进行待遇调整降低到收入能够覆盖的水平。虽然一般认为美国政府会在短期内为社会保障领域的信托基金负担一些兜底措施，但理论上这并不符合法律规定。A计划预计在2025年将耗尽资金，政府已经在采取一些措施削减联邦医疗保险的支出。虽然目前的方式主要集中在提高管理水平上，如增加信息系统建设、降低医疗失误等，但不能排除未来有削减待遇的举措。

与A计划相比，我国职工医疗保险与财政的关系更加紧密。我国法律直接规定了保险基金由财政兜底。“兜底”本身，又隐含了待遇不变的限制。

(二) 个人账户问题

职工个人账户是职工医保独有的组成部分，居民医保并无个人账户。但这不应该成为阻碍“三保合一”的障碍。首先，个人账户存在的必要性一直饱受质疑。因为其互助共济功能弱，又难以发挥抑制医疗需求的作用。尽管存废尚无定论，但从各地实践来看，对个人账户使用范围的要求普遍呈放宽趋势，在北京等地甚至可以对个人账户直接提现。逐步灵活的个人账户使用方式使个人账户存在的必要性事实上被大大弱化了。因此目前个人账户的存在可以说只是一个历史遗留问题。其次，个人账户由于不进入统筹基金，在医保整合中进行单独处理也并不困难。如果需要继续保留，可以作为新的统筹基金之外的模块放入，例如成为补充保险的形式。

第三节　实践案例：东莞市的“三保合一”

据我们所知，目前全国地级市中只有4个城市完成了具有实质意义的“三保合一”，分别是东莞、中山、珠海、佛山，均位于广东省。广东地区能够率先出现“三保合一”有其特殊性，下面我们通过东莞市的例子，来总结现有“三保合一”实践中的整合经验。

东莞的社会医疗保险体系建设始于2000年。按照国务院《关于建立城镇职工医保保险制度的决定》，东莞于2000年设立职工基本医疗保险。其基本架构与其他地区一致，职工个人缴纳工资的2%，单位缴纳6.5%，合计8.5%；另有工资1%的补充医疗保险。实行设立个人账户的统账结合模式，同时覆盖门诊和住院。所有国有机关事业单位、国有企业以及市属外资企业等均适用这一保险。

不过，作为改革开放的窗口，东莞经济更主要的部分是乡镇企业。按照当时国务院文件的规定，这些企业并不在职工医保的范围内。并且这些乡镇企业以劳动密集型为主，依靠低成本参与竞争，也无法承担如此高的单位缴费率。为了适应这一情况，东莞在常规的职工医疗保险（被称为“综合医疗保险”）之外，另外设立了一类低缴费、面向乡镇企业职工的医疗保险，称为“住院医疗保险”。该保险由单位缴纳工资的2%，个人不缴费；不设个人账户，只保障住院且报销比例更低。住院医疗保险适用于镇（区）属集体企业、镇（区）外商投资企业、私营企业等。

也就是说，东莞的职工医疗保险体系最初就是两种形式并行。“综合险”和“住院险”两类职工医保的设置在珠三角其他地区也广泛存在。需要指出的是，由于这些地区特殊的经济结构，参加典型职工保险的人群非常少。以东莞为例，在“三保合一”之前，职工综合险参保人仅有30余万人，而职工住院险的参保人为其20倍，达600万人，以外来劳动力为主。

从2003年开始，国家推行面向农村的新型农村合作医疗保险制度。在新农合推行之初，东莞基于自身以镇为主体的城市特征，就将农民和居民一道纳入建立起“农（居）民医疗保险”。也就是从一开始就解决了城乡居民医保整合的问题。居民医保起初分为高、低两档，以村为单位自主选择。但实践中绝大部分村包括富裕村均选择参加缴费水平较低的低档，导致医保基金筹资偏少但支出偏大。针对这一情况，东莞从2007年7月起取消了高低档之分，全部并为高档，又实现了居民医保的两档合一。值得一提的是，东莞在建立居民保险的时候，是比照了职工住院险的筹资待遇水平进行设计的，这使得居民医保和职工住院险在待遇水平上较为接近。

下一步居民医保和职工医保的整合事实上分为两步进行：

首先，2008 年，整合了居民医保和职工住院险。原先居民医保覆盖门诊和住院，而职工住院险只包含住院。其后 2008 年上级要求也建立门诊统筹制度，当地财政以补助工资 0.2%的方式帮助职工住院险建立起门诊统筹部分。这使得职工住院险也接受了财政补助。因此职工住院险和居民保险进一步在筹资待遇水平和结构上靠近，很容易地合并在了一起。

其次，2013 年，将职工综合险整合入该体系内。整合的方式是采用基本层加补充层的做法。以居民医保的筹资待遇水平，也就是所有社会医保待遇中的最低点，作为基本层的建设基准，从职工综合险中剥离出相应部分，剩下的建立补充保险。补充保险中包含个人账户的设置。筹资金额也相应分割为两部分，从原来的总共占工资的 8.5%（用人单位缴纳 6.5%，个人缴纳 2%），分割为 3%的基本医疗保险（原有单位缴纳的 1.5%，个人缴纳的 0.5%；又补入了单位 0.8%和财政 0.2%，共 1 个百分点，实际为 3%）、2%的住院补充医疗保险（全部单位缴纳，2%）以及 4.5%的个人账户补充医疗保险（单位 3%，个人 1.5%）。具体分割方式见表 3-1。

表 3-1　东莞“三保合一”前后原职工综合险缴费对比（%）

项目		单位	个人	财政	共计
整合前		6.5	2	0	8.5
	其中：个人账户	2.2~2.3	2	0	4.2~4.3
整合后	基本医保	2.3	0.5	0.2	3
	补充医保	5	1.5	0	6.5
	其中：住院补充	2	0	0	2
	门诊补充（即个人账户）	3	1.5	0	4.5
共计		7.3	2	0.2	9.5

资料来源：引自杜创等《人社部城乡居民基本医疗保险制度整合研究》报告。

具体的政策整合中还有一些值得提到的细节：一是由于基本层是取原居民医保水平设计的，因此对居民整体影响不大。对居民影响比较明显的是调整了居民医保的缴费机制和缴费基数。从定额缴费变为动态调整机制，缴费基数从居民收入变为与职工工资挂钩，具体基数为上年度本市职工月平均工资。以整合当年2008年为例，2007年的东莞职工月平均工资为1030元，按这一缴费基数东莞居民2008年的医保筹资约370元，其中个人和财政分别支付约185元。相比整合前2007年的农（居）民基本医保筹资，个人支出增加65元，财政补贴增加55元。居民个人缴费上升了，但是在看似正常的增长幅度之内。以职工工资作为职工与居民共同的缴费基数是广东城市的一个特点。二是对个人账户的处理。为了消化原先职工个人账户，东莞采用的方式是保留原先的个人账户制度，在补充保险中专门建立个人账户作为一项补充保险，以“门诊补充保险”的形式出现。职工相关个人缴费与原先一样均进入个人账户。另一个采取相似“三保合一”模式的城市中山，也是把个人账户独立成为补充保险形式，但其是根据参保人年龄每月从统筹基金里向个人账户进行划拨，与个人缴费脱钩。

总体来看，东莞市的“三保合一”建立在其特殊的基础上，职工医保“综合险”和“住院险”的双重体系、“住院险”和“居民险”相似的结构以及当地较高的财政能力，都是其能够实现整合的基础。对于其他城市来说，不具有这样的先天优势，要想效仿整合就需要格外注重制度设计，特别是梳理好职工和居民的权益问题。仓促推行整合，容易造成居民过度使用基金、损害职工权益的情况，也不利于未来基金的潜在安全。

— 本章参考文献 —

[1] International Labor Organization. Social security for all: Building social protection floor sand comprehensive social security systems[R/OL]. (2012-12-20)[2018-12-20].http://www.ilo.org/secsoc/information-resources/publications-and-tools/books-and-reports/WCMS_SECSOC_34188/lang——en/index.htm.

[2] 叶杨晖,肖林榕.台湾地区两代全民健保制度的剖析[J].海峡科技与产业,2013(1):79-82.

[3] 朱玲.转向适应市场经济运行的社保体系[J].劳动经济研究,2014,2(4):3-20.

第四章　制度参数调整

第一节　现有城市间参数设定的差异

制度结构调整由于变动大、对其他城市有示范效应，因此决策往往有赖顶层设计。相比之下，参数调整只是现有制度上的微调，因而成为地方日常使用的主要工具。国家设定保障水平的底线（如居民医保，每年通过国务院《关于做好城乡居民基本医疗保险工作的通知》设定最低筹资待遇水平），各统筹区在此基础上根据当地实际自行设定参数组合，实现各自具体的筹资待遇目标。伴随筹资变化而进行的待遇参数调整已成为一种常态。

待遇参数调整主要体现在三个方面：目录、起付线和报销比例。其中对城市层面来说，目录的调整往往需要与国家和省级医保目录的调整相一致，通常数年才调整一次；报销比例和住院起付线的调节则可由自身决定逐年变化，特别是报销比例，在原新农合时期几乎每年上调。对于广大参保群众来说，实际补偿水平取决于上述三个参数的共同作用。但其中目录的作用难以捉摸，起付线调整的影响相对较小，报销比例变动往往成为最受关注的方面。

由于参数设定体现了当地医保政策的实际需要，在很大程度上与当地的经济社会发展程度相关，因此政策参数的取值在各地间差异较大。在本节中我们以副省级城市为例，通过城乡居民医保政策的比较，来显示这一差异。副省级城市共15个，包括5个计划单列市和10个省会城市。相较于一般地级市而言，这类城市的条件相对接近。由于沈阳、长春、西安、大连截至2018年8月尚未见有实行城乡居民医保整合的文件，因此没有被纳入，所余共11个城市。

表4-1提供了这一比较。待遇参数主要选择居民低档中二级医院的住院起付线和报销比例为例来进行展示。① 可以看到，在住院起付线方面，数值在200~700元，但除广东的深圳、广州之外，其余城市基本都在400元以上。在住院报销比例方面，取值范围在60%~90%，不过除去比较特殊的深圳和广州之外，普遍在60%~75%。总体来看，无论是报销比例还是起付线水平，各市的设定都较为分散，并不存在一个主流的、被多数采纳的设定水平。在其他级别医院报销参数的设定上也可以看到类似多样化的取值，并且还有的城市设定了分档累加而非单一的报销规则。

即使与相似城市进行比较，也能看到差异的存在。例如，选择计划单列市青岛作为基准。从各项宏观经济社会条件来看，与青岛经济发展水平较为接近的是宁波，城镇化水平上较为接近的是成都，地缘上较为接近的是济南。但与宁波相比，青岛提供了更低的筹资，并且在起付线和各级医院报销比例的设定上均提供了更高的待遇。与济南相比，青岛筹资更高，在起付线和各级医院报销比例的设定上也均高于济南。与成

① 若该城市实行分段累加报销，则取总费用1万元以下的报销比例纳入比较。这样做的原因是各地的平均住院费用普遍低于1万元。

表 4-1　11 个副省级城市城乡居民医保政策比较（2018 年）

项目		青岛	宁波	厦门	深圳	济南	成都
		计划单列市	计划单列市	计划单列市	计划单列市	省会	省会
2018 年居民筹资（元）	筹资机制	居民人均可支配收入为基数，一档个人缴纳 1.1%，二档个人缴纳 0.72%	固定金额	固定金额		固定金额	固定金额
	个人缴费	一档 390，二档 260	一档 700，二档 400	150		一档 300，二档 200	一档 360，二档 180
	财政补贴	一档 690，二档 610	一档 2000，二档 1000	500		国家标准	
2018 年居民住院起付线（元）	一级（社区服务机构）	200	300	上年度全市职工平均工资的 1%	100	400	100
	二级	500	600	首次住院为上年度全市职工平均工资的 3%；二次及二次以上住院的，在首次住院的基础上降低 1 个百分点	200	700	200

续表

项目		青岛	宁波	厦门	深圳	济南	成都
		计划单列市	计划单列市	计划单列市	计划单列市	省会	省会
2018年居民住院起付线（元）	三级	800	1200	首次住院为上年度全市职工平均工资的5%；二次及二次以上住院的，在首次住院的基础上降低1个百分点	300	省（部）1200，其他1000	500
2018年居民住院报销比例（%）	一级（社区服务机构）	85	一档：4万元以下80，4万元以上85；二档：4万元以下75，4万元以上80	1万元以下75，1万~2万元80，2万元以上85	90	80	一档87，二档85
	二级	一档80，二档75	一档：4万元以下70，4万元以上75；二档：4万元以下65，4万元以上70	1万元以下65，1万~2万元70，2万元以上75	90	一档65，二档60	一档82，二档75
	三级	一档70，二档55	一档：4万元以下70，4万元以上75；二档：4万元以下65，4万元以上70	1万元以下55；1万~2万元60；2万元以上65	90	一档：省（部）40，其他55；二档：省（部）35，其他50	一档68，二档53

续表

项目	青岛	宁波	厦门	深圳	济南	成都
	计划单列市	计划单列市	计划单列市	计划单列市	省会	省会
居民医保整合时间	2015 年	2016 年	2010 年	2008 年	2015 年	2008 年
2017 年全市人均 GDP（元）	109407	110656	97282	167411	90999	76960
2017 年户籍人口中市辖区占比（%）	0.48	0.40	1.00	1.00	0.75	0.55
三甲综合医院数量（家）	3	2	0	6	6	7

项目		武汉	南京	杭州	广州	哈尔滨
		省会	省会	省会	省会	省会
2018 年居民筹资（元）	筹资机制	上上年度（$n-2$ 年，n 为享受待遇年度）全市城乡居民人均可支配收入的 0.57%	固定金额		城镇居民家庭人均可支配收入和农村居民家庭人均纯收入的算数平均数为基数，个人缴纳 0.5%，财政补贴 1.2%	固定金额

续表

项目		武汉	南京	杭州	广州	哈尔滨
		省会	省会	省会	省会	省会
2018 年居民筹资（元）	个人缴费	200	480（原城镇），310（原新农合）	一档 500，二档 300	199（2019 年开始执行新的筹资公式，月均增加 6 元）	一档 320，二档 210
	财政补贴		570（原城镇），740（原新农合）		478（2019 年开始执行新的筹资公式）	
2018 年居民住院起付线（元）	一级（社区服务机构）	200	400	300	150	240
	二级	400	500	600	300	480
	三级	800	1000	800	500	720
2018 年居民住院报销比例（%）	一级（社区服务机构）	90	85	18 万元以下 80，18 万元以上 70	90（2019 年 90）	一档 75，二档 70
	二级	70	70	18 万元以下 75，18 万元以上 70	80（2019 年 80）	一档 70，二档 65
	三级	60	2 万元以下 50，2 万~6 万元部分 60，6 万元以上部分 70	18 万元以下 70，18 万元以上 70	60（2019 年 70）	一档 55，二档 50

续表

项目	武汉	南京	杭州	广州	哈尔滨
	省会	省会	省会	省会	省会
居民医保整合时间	2017 年	2018 年	2011 年	2015 年（2017 年修订，2018 年执行）	2018 年
2017 年全市人均 GDP（元）	111469	127264	124286	141933	63445
2017 年户籍人口中市辖区占比（%）	0.62	1.00	0.74	1.00	0.57
三甲综合医院数量（家）	12	5	6	12	9

资料来源：根据各地政策文件整理，人均 GDP 和户籍人口来自《中国城市统计年鉴—2017》，三甲医院数量来自国家卫计委中国医院级别查询网站。

都相比，青岛筹资更高，同时起付线更高、报销比例略低。由此可见，待遇参数设定因地制宜、当地化的特征十分明显。

需要指出的是，单纯通过参数高低来判断某个地区的实际待遇水平高低，是不可行的。如前所述，实际待遇水平是多重因素复合的结果。副省级城市所处省份不同，面临的目录和医疗消费水平有异，是造成差异的部分原因。另外，由于参数设定可能对医疗供需双方的行为发挥引导作用，因此参数水平也可能体现了当地的某种政策导向，这一点我们将在下一节详细分析。总之，本节的结果表明，参数调整作为一种常见的制度调节方式，具备较大的灵活性。

第二节　报销比例变化对分级诊疗的影响

一、引言

随着城镇职工基本医疗保险、新型农村合作医疗、城镇居民医疗保险三大医疗保险实现全民覆盖，参保待遇也不断提高，带动了就医需求释放。但释放的需求过度涌入大医院，特别是城市三级医院，造成了这些医院人满为患、一床难求，整体医疗资源配置效率低下。为了解决这一问题，国务院 2015 年出台了《关于推进分级诊疗制度建设的指导意见》（国办发〔2015〕70 号），多项措施并举完善分级诊疗体系，并提出 2020 年实现“大病不出县”的目标。其中，对于社会医疗保险，要求其通过支付方式改革和差异化报销比例设计，发挥对供需双方的引导作用。那么医疗保险制度设计是否真的能够起到引导需求的作用？本节通过对样本城市一次住院报销比例调整的影响进行分析，对医保政策在引导患者分级诊疗行为中的作用进行定量研究。

我国实行独特的医院分级制度。理论上，医院按功能和任务定位不同划分为一级、二级、三级；而在实际中，受到人员编制设置、诊疗范围限制、定点执业约束等因素影响，导致优质医疗资源逐步向上集中，最终形成了不同级别医疗机构之间在诊疗水平上的明显差异。医疗机构等级由表示医疗服务分工，转而成为医疗质量的代表。加上医疗质量与医疗价格相对脱钩，使得患者纷纷涌入三级医院。根据区域卫生规划，一般只在市级设三级医院，而县级医院为二级。这就使得县外就医率大幅增加。由图 4-1 可以看到，无论是门诊还是住院，三级医院对患者的虹吸现象明显，并且在新医改后反而有增强之势。因此，提高县内就诊率成为衡量分级诊疗实现的一个重要指标。①

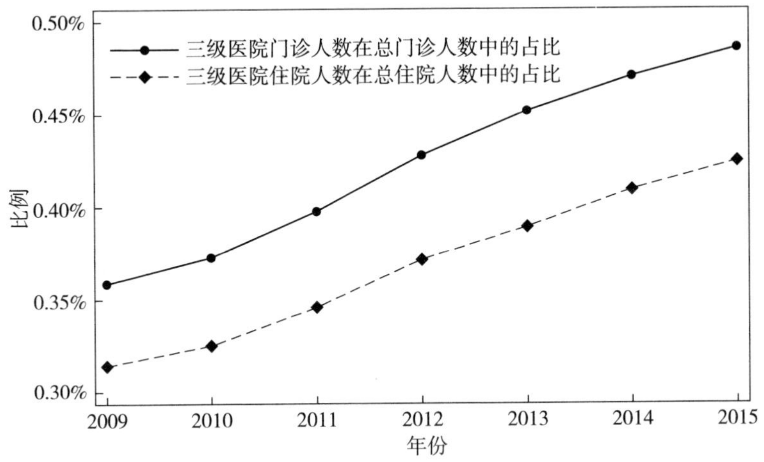

注：总门诊人数和总住院人数包括一级、二级、三级以及未定级医院。

图 4-1　三级医院门诊和住院人数占比(2009—2015 年)

资料来源:《中国卫生统计年鉴》(2010—2016 年)。

① 《分级诊疗试点工作考核评价标准》(国办发〔2015〕70 号文附件),第一条为“基层医疗卫生机构建设达标率≥95%,基层医疗卫生机构诊疗量占总诊疗量比例≥65%”,第二条为“试点地区 30 万以上人口的县至少拥有一所二级甲等综合医院和一所二级甲等中医医院,县域内就诊率提高到 90%左右,基本实现大病不出县”。

社会医疗保险作为医疗服务中最大的需方，可以通过差异化的报销比例设计改变患者所面临的价格，引导他们的就医行为。① 这一方式简单、直接，因而广受各地政策实践的青睐。不过对于三级医院就医来说，经济杠杆究竟能够发挥多大的作用，仍存在疑问。② 而与之相关的实证研究，尚十分缺乏。现有针对中国医保与就医选择关系的研究大多集中在医保制度建立的影响上。例如，Brown 和 Theoharides 利用中国营养与健康调查数据(CHNS)发现新农合制度的建立使居民更加偏好乡镇卫生院③，任向英和王永茂利用农村定点观察数据得到同样的结论④；也有研究指出，这种效应仅存在于新农合建立的早期⑤。而对于制度调整与就医选择的关系，研究涉及较少。这可能是由于研究中存在两个难点：一是对政策影响的识别。若选择同一地区的一次医保政策调整加以研究，一次调整常常涉及多项规则的同时变化，难以分离；而若选择不同地区的政策来比较，则会由于经济发展水平、基本医疗服务状况的差异，常常不具有可比性。二是传统调查数据通常只记录一段时期内个人总的医疗费用情况，缺乏单次就诊信息，难以胜任如“报销比例调整”这样的具体政策评估工作。就第二点而言，赵绍阳等使用行政数据替代调查数据，进行了率先尝试。⑥ 他们以成都市 2009—2010 年城乡居民医疗保险的档位合并作为自然实验，使用医保行政数据和双重差分方

---

① 王歆，于新亮，程远.医药消费的“年底效应”——基本医保报销机制对参保者医药消费行为的影响[J].保险研究，2015(8)：116-127.

② 高和荣.健康治理与中国分级诊疗制度[J].公共管理学报，2017，14(2)：139-144+159.

③ BROWN P，DE BRAUWA，THEOHARIDES C B. Health-seeking behavior and hospital choice in China's New Cooperative Medical System[J]. *Health economics*，2009，18(S2)：S47-S64.

④ 任向英，王永茂.城镇化进程中新农合政策对农民就医行为的影响分析[J].财经科学，2015(3)：121-130.

⑤ 江金启.新农合政策与农村居民的就医地点选择变化[J].南方经济，2013(2)：56-66.

⑥ 赵绍阳，尹庆双，臧文斌.医疗保险补偿与患者就诊选择——基于双重差分的实证分析[J].经济评论，2014(1)：3-11.

法，研究倾向于基层的报销政策设计对患者前往基层就医的影响，结果发现作用较为微弱。这一研究的主要问题在于，档位合并前居民的分档具有自选择，因此依据原有档位进行处置组和对照组的划分难以保证两者具有相同的时间趋势；同时，档位调整不仅涉及报销比例的变化，而且涉及筹资缴费的变化，两个效应难以分离。

本节使用样本城市 2012—2013 年的新农合赔付数据，考察在住院服务中，差异化报销比例设计对患者县内就医选择的影响。我们的研究延续了行政数据精度高、规模大的优点，并且利用该市所辖相邻两个县在新农合年度报销政策调整中的差异来构造双重差分，克服内生性问题。回归结果表明：县级医院报销比例提高 5 个百分点，能够引导住院患者县内就医的概率增加 0.5%~0.8%。安慰剂测试和更换对照组测试都表明了这一效果的稳健。报销比例效应在不同病种和年龄群体上呈现出较强的异质性，平均花费较低疾病的患者，以及少年、中年和低龄老年患者的就医行为更容易受到政策影响。但在上述各项情形中，政策变动所产生的效应都不足以抵消城镇化等自然趋势所引发的就医向上集中。

本书至少有以下两方面的贡献：第一，在中国背景下探讨了患者的医疗选择行为对价格的弹性，对既有文献形成补充。虽然关于医保补偿对医疗行为影响的国外研究已较为丰富，但由于我国存在独特的医院分级制度，关于病人在医院级别间进行选择的动机和影响因素仍然缺乏研究，特别是使用行政数据的实证分析。第二，在政策上提供了对当前分级诊疗的一项主要措施——差异化报销比例设计所产生效果的评估。我们的结果表明，需方政策的确能够对患者产生引导作用，但总体影响程度有限，并在不同病种和年龄的人群中存在差异。这为分级诊疗的下一步推进，特别是着眼于更精细化的需方制度设计和更强力的供方改革措施，提供了实证依据。

本节接下来的安排是：第二部分阐释医保制度设计影响分级诊疗的理论基础；第三部分介绍样本城市的基本情况以及相关新农合报销政策调整的背景；第四部分介绍计量模型和数据；第五部分给出基本实证结果并探讨政策效果的病种异质性和年龄异质性；第六部分通过城镇患者的安慰剂检验和更换对照组检验测试双重差分结果的稳健性；第七部分小结并给出政策建议。

二、理论基础

本部分阐释医保制度设计影响分级诊疗的理论基础，我们将从传统医疗选择理论中的价格弹性出发，过渡到价格-质量筛选机制、医院选择理论以及行为经济学的助推机制。最后，从医疗市场上供需双方的视角阐释医疗保险在分级诊疗中的作用，并对本研究在这一关系中的位置作出界定。

（一）传统医疗选择模型中的价格弹性

社会医疗保险是我国医疗服务市场上需求方的支付主体。医保报销制度设计影响患者就医选择的理论起点是传统的医疗需求模型。医疗作为一种正常品，当价格下降时，需求量上升。而报销比例和自付价格是一枚硬币的正反面。1970 年开始的“兰德实验”将 2750 个家庭随机分入不同的“报销组”，观察家庭的医疗行为。大量的后续研究确认，医疗需求和自付(out-of-pocket)价格呈显著负相关。[①] 这一关系在中国也

① KEELER E B, ROLPH J E. The demand for episodes of treatment in the health insurance experiment[J]. *Journal of health economics*, 1998, 7(4): 337-367.

ARON-DINE A, EINAV L, FINKELSTEIN A. The RAND health insurance experiment, three decades later[J]. *The Journal of eonomic perspectives*, 2013, 27(1): 197-222.

同样得到了文献的验证。① 如果将不同级别医院的费用差别理解为医疗产品的数量差异，则报销比例差异可能会引起医院级别选择的不同。

（二）“价格-质量”筛选机制

医疗作为一种复杂的商品，消费者的选择不仅体现在数量上，还体现在质量上。在目前中国的医院分级体系下，医院级别的高低，更为确切地说，体现的是医疗质量的差异。在产业组织理论中，垄断者经常会为不同质量的产品设置差异化的价格，从而引导不同偏好的消费者主动选择其偏好对应的产品质量，实施二级价格歧视。② 政府作为所有级别公立医院的所有方，实行差异化的报销比例，相当于一个垄断的供给者利用差别化定价策略诱导不同类型的患者（病情轻重）选择不同质量的医疗服务，实现分离均衡。在这一模型中，虽然供方无法区分消费者病情的轻重缓急（或无法据此做出强制性收治决策），但患者根据自身的病情，在自付价格和医疗质量之间做出了权衡取舍，促进了医疗效率的提升。

（三）医院选择理论中的助推作用

对“价格-质量”机制的一个常见批评是：患者在价格和质量间的权衡还会受到自身财力的影响，当患者的收入差距过大或者整体收入偏高时，这样的诱导策略效果会打折扣。并且医保报销比例已经接近天花板，政策空间过小，诱导效果的量级无法与医院质量相比。

在传统的医院选择理论和实证文献中，医院质量在患者的选择标准

---

① 刘明霞，仇春涓.医疗保险对老年人群住院行为及负担的绩效评价——基于中国健康与养老追踪调查的实证[J].保险研究，2014(9)：58-70.

② MASKIN E, RILEY J. Monopoly with incomplete information[J]. *Rand journal of economics*, 1984, 15(2): 171-196.

MATTHEWS S, MOORE J. Monopoly provision of quality and warranties: an exploration in the theory of multidimensional screening[J]. *Econometrica*, 1987, 55(2): 441-467.

中排在首要地位①，高级别医院应是病人的首选。但近年来的一些研究从行为因素出发，提出了除质量之外因素的作用。大量研究确认了病人会在质量和距离之间进行权衡。② Sivey 在对英国 NHS 患者医院选择的模型中进一步加入了等待时间变量，发现等待时间过长会降低患者选择该医院的概率。③ Gaynor 等在对英国 NHS 的研究中发现，患者在医院选择中对等待时间的敏感性甚至高于质量。④ Goldman 等认为医疗、医生和医院的作用并不一定是治愈疾病，他们验证了医院装修、餐饮等辅助设施的舒适性等因素同样影响着病人的入院决策。⑤ 县内医院在距离、等待时间、舒适性上相比于市区三级医院具有优势。根据 Thaler 等极力倡导的“助推”（nudge）理论，对于疲于选择的个体，政策设计者需要一些微小的因素作为推手来帮助其实现合意的结果。⑥ 因此医保报销制度在边际

---

① BECKERT W, CHRISTENSEN M, COLLYER K. Choice of NHS-funded hospital services in England[J]. *Economic journal*, 2012, 122(560): 400-417.

MCCONNELL K J, LINDROOTH R C, WHOLEY D R, et al. Modern management practices and hospital admissions[J]. *Health economics*, 2016, 25(4): 470-485.

VARKEVISSER M, GEEST S A V D, SCHUT F T. Do patients choose hospitals with high quality ratings? empirical evidence from the market for angioplasty in the netherlands[J]. *Journal of health economics*, 2012, 31(2): 371.

② TAY A. Assessing competition in hospital care markets: the importance of accounting for quality differentiation[J]. *Rand journal of economics*, 2003, 34(4): 786.

SMITH H, CURRIE C, CHAIWUTTISAK P, et al. Patient choice modelling: how do patients choose their hospitals? [J] *Health care management science*, 2017: 1-10.

③ SIVEY P. The effect of waiting time and distance on hospital choice for English cataract patients [J]. *Health economics*, 2012, 21(4): 444-456.

④ GAYNOR M, PROPPER C, SEILER S. Free to choose? reform and demand response in the English National Health Service[J]. *National Bureau of Economic Research, Inc*. 2012, 29(3).

⑤ GOLDMAN D P, VAIANA M, ROMLEY J A. The emerging importance of patient amenities in hospital care[J]. *New England journal of medicine*, 2010, 363(23): 2185-2187.

⑥ THALER R H, SUNSTEIN C R. Nudge: improving decisions about health, wealth and happiness[J]. London: Yale University Press, 2008.

SUGDEN R. On nudging: a review of nudge: improving decisions about health, wealth and happiness by Richard H. Thaler and Cass R. Sunstein[J]. *International journal of the economics of business*, 2009, 16(3): 365-373.

上向县内倾斜，在病人的就医层级选择中或许就能发挥这样的助推作用。

（四）供需双方视角下的医疗保险与分级诊疗关系

社会医疗保险作为医疗服务中最大的支付方，其对分级诊疗的直接影响是改变需方的就医选择。理论上，医疗保险对医院的支付方式变化（按病种付费、总额预付制等）同样可以改变供方行为，从而促使三级医院主动放弃不符合自身定位的轻病、常见病患者。但由于三级医院多为公立机构，与医保同为财政拨款单位，因此医保在对医院控制方面存在预算软约束问题，惩罚措施也难以落实到位。加上医保管理机构在支付方式设计上还有待完善，这些新模式在国内（特别是新农合中）尚处于探索阶段。而本节所涉及的医保报销比例变化，主要影响在需方，希望探测报销比例变化作为政策工具能否引导患者行为，促进实现县内就诊率提高这一分级诊疗中的重要目标。而最终分级诊疗的达成，需要更为系统的供方政策和需方政策的统筹设计。

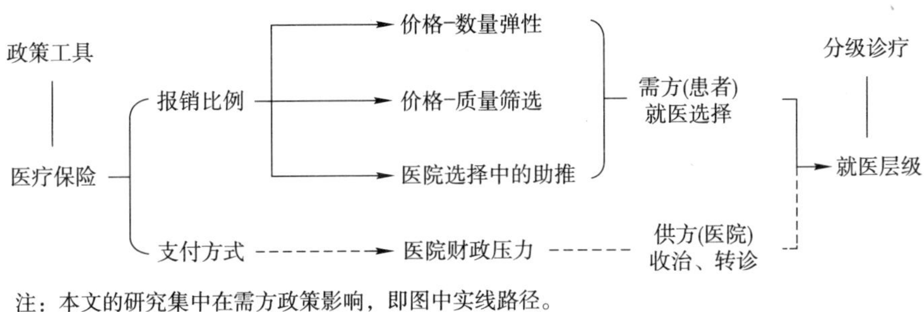

注：本文的研究集中在需方政策影响，即图中实线路径。

图 4-2　医疗保险影响分级诊疗的作用路径

三、背景介绍

样本所在城市位于中国北方，与全国多数地区一样，城镇职工医保、城镇居民医保和新型农村合作医疗构成该市 2012 年的基本医保体系。其中，城镇职工医保和城镇居民医保的参保人主要集中在中心城区，在周边区县也有分布，两类医保实行市级统筹；新农合只在周边区县设立，实行县级统筹。值得指出的是，虽然该市在绝大多数经济社会指标上符合特大城市特征，但其城镇人口占全市人口的比重与全国所有城市平均水平(34%)相当，与其他同类城市相比较低。[①] 这使得该市参加新农合的人数相对于参加城镇医保的人数更为均衡，因而更具有全国代表性。

在医疗资源方面，该市拥有各类综合及专科医院共140余家；其中三级甲等综合医院7家，包括1家省属医院。丰富的医疗资源使得该市成为辐射周边城市的区域医疗中心，省属三甲综合医院的门急诊量更居全省首位。优越的医疗条件也使得本市患者的就医主要集中在市内，异地就医比重低[②]，这大大减弱了患者选择异地就医对本书分析的干扰。需要指出的是，所有三级甲等医院均位于中心城区，因此对于新农合患者来说，要想获得区域内最好的医疗诊治，必须跨县就医。同时，除其中一个近郊区之外，每个县级单位均拥有二级甲等医院，因而具备较好的县内医疗服务基础。

我国的新农合报销政策可以大致概括为医保目录内按比例报销，目录外全额自费。样本城市没有全市统一的新农合报销方案，下设的8个新农合统筹区，均可根据自身条件独立设定筹资和待遇标准。不过由于同属一个市内，条件相似地区的筹资待遇基本处于同一水平。在2012年，有4个统筹区(以下用TJ、TZ、TF、TD代替)在设定相同筹资水平的同时，设定了相同的住院补偿标准，即一级医院报销90%、二级医院

① 根据《中国城市统计年鉴—2012》计算。

② 该市新农合和城镇职工医保的异地就医比重分别只有1%和4%。根据中国社会科学院公共政策研究中心基于全国多个城市的调研数据，一般地级城市的异地就医比重为10%左右，因此判断该市的异地就医比重较低。

报销65%、三级医院报销55%。由于卫计部门在每年《关于做好新型农村合作医疗工作的通知》中均会提高保障水平，各统筹区也有每年上调待遇水平的做法。2013年，上述4个统筹区中的TJ选择提高二级医院住院报销比例到70%，其他3个选择将待遇释放落在普通门诊统筹上，而保持住院部分不变。这为我们研究报销比例对本地住院的影响提供了很好的机会(见表4-2)。

表4-2　某市4个新农合统筹区住院报销比例的变动(2012—2013年)

目录内报销比例	TJ县			TZ县、TF县、TD县		
	一级医院	二级医院	三级医院	一级医院	二级医院	三级医院
2012年	90%	65%	55%	90%	65%	55%
2013年	90%	70%	55%	90%	65%	55%

资料来源：作者整理自各县发布的新农合补偿方案。
注：4个统筹区的筹资水平相同，报销目录几乎完全相同。

四、方法和数据

(一)双重差分设计

我们利用上一节所介绍的该市2012—2013年的新农合政策调整设计双重差分模型(Difference-in-Difference)。双重差分法的基本思想是利用政策前政策后以及处置组对照组，进行两次差分，得到政策的处置效应。其关键在于选择合适的处置组和对照组。TJ作为该市唯一提高二级医院报销比例的统筹区，被选为处置组。我们在3个备选县中，选择了与处置组TJ经济社会特征最为接近的TZ作为对照组。TZ县与处置组均位于市区接壤位置，但距离中心城区有其他郊区阻隔、没有公交直达；总体发展水平相当，特别是农民人均纯收入，二者几乎相同。附录表4A-1比较了两县的主要特征。

由于报销政策变动的执行日期为2013年1月1日，因此，将2012

年全年定为政策前，2013 年全年定为政策后。

为了识别处置效应，建立并估计如下计量模型：

$$Y_{it}=\alpha+\beta \cdot After+\gamma \cdot Treat+\delta \cdot After \cdot Treat+X_{it}\eta+\varepsilon_{it} \quad (4-1)$$

其中，被解释变量 Y_{it}为患者 i 在 t 年是否在县内住院，$Y=1$ 表示在县内医院住院，$Y=0$ 表示在县外三级医院①。*Treat* 是表示处置组和对照组划分的虚拟变量，*Treat* = 1 为处置组，即住院报销比例发生变化的 TJ 县；*Treat* = 0 为对照组，即报销比例未发生变化的 TZ 县。该变量的系数显示两个组在县内就医选择中的固有差异。*After* 是表示变化前后的虚拟变量，*After* = 1 为政策变化后，即 2013 年；*After* = 0 为政策变化前，即 2012 年。该变量的系数显示处置组与对照组在县内就医选择中随时间共同的变化趋势。剔除上述两项差异后，交叉项 *After* · *Treat* 的系数反映由报销政策变化带来的就医选择变化，这是我们重点关注的对象。

控制变量组 X 包括患者的年龄、年龄平方、患者所在镇到县中心的距离、患者所在镇到市中心的距离以及疾病病种。两个距离分别表示到达最优县内医疗资源和最优市内医疗资源的可及程度。同时，距离在一定程度上也有助于控制患者的收入状况。一般距离县中心或市中心越近的镇，经济越发达，居民收入水平越高。这在样本地区也是如此。

为了确保双重差分能够识别处置组的平均处置效应（ATT），需要保证处置组和对照组的结果变量具有相同的时间趋势。相同时间趋势可以借由历史数据进行验证，但 2012 年以前的县内就医比例数据并不可得。对此，我们以两县在供方和需方上的核心特征作为替代进行观察，附录图 4A-1 和附录图 4A-2 提供了两县的供需核心特征随时间变化的趋势。

---

① 理论上患者可以到县外一级或二级医院就医，但除非是在统筹区外安置或者停留时发生紧急情况需要住院，几乎不会出现去外地一级或二级医院就医的情况。在样本中共有 0.93%在外地一级或二级医院住院的病例，我们删除了这一部分观测值。

可以看到，两县的农民人均纯收入几乎保持完全同步变动；医疗资源方面，对照组相对于处置组的每千人卫生技术人员数量保持了相同的增长趋势。

我们希望双重差分识别的是政策变动对医疗机构选择的影响，政策变动如果混杂其他后果，可能干扰这一识别。特别地，政策变动不能对是否住院产生影响，即住院的整体规模需要保持相对不变。对于处置组来说，二级医院报销比例的变化造成医疗价格扭曲，除了会吸引三级医院患者回流之外，还会吸引那些原本打算去往一级医院的患者向上迁移。不过，一二级医院之间的转换并不影响县内就医的规模；同时，一级医院的报销比例不变，不会产生新增住院的吸引力。因此整个县内住院的固有规模不变。对于控制组来说，其对普通门诊政策的调整，基本不会产生门诊和住院之间的替代(该县还有针对特殊病种的门诊大病政策)，因此也不会改变控制组住院群体的固有规模。

对方程(4-1)的估计使用最小二乘法，即我们将方程(4-1)假定为线性概率模型。虽然在二元离散选择的情况下，使用 Probit 或 Logit 模型分析较为常见，但在双重差分的设定下，基于其原理，普通线性模型估计可能优于 Probit 或 Logit①。在下文的回归分析中，我们也同时报告 Probit 结果作为参照。

(二) 数据和描述性统计

本节使用的主要数据来自样本城市 2012 年和 2013 年全年的新农合住院赔付数据，由当地医保管理部门提供。该数据包含了 2012—2013

---

① NEUHAUS J M,JEWELL N P. A geometric approach to assess bias due to omitted covariates in generalized linear models[J]. *Biometrika*,1993,80(4):807-815.

ALLISON P D. Comparing logit and probit coefficients across groups[J]. *Sociological methods & research*,1999,28(2):186-208.

MOOD C. Logistic regression: why we cannot do what we think we can do,and what we can do about it[J]. *European sociological review*,2010,26(1):67-82.

年间发生的全部新农合住院赔付记录，每一次住院形成一条观测值，处置组和对照组共有 286139 条记录。数据记录了患者的年龄、所在地(具体到乡镇)等个人信息，疾病类型、就诊医院、医院级别、住院时间等就诊信息，以及总费用、起付线、纳入统筹额、实际报销额、个人自费额等费用信息。此外，我们还使用同一时期该市城镇职工医保和城镇居民医保的住院赔付数据，用于稳健性检验部分的讨论。患者所在镇到县中心和市中心的距离，分别由镇政府到县政府的行车距离，以及镇政府到市政府的行车距离表示，数据取自百度地图。疾病病种按照标准分类 ICD-10 的 2 位数控制。

从描述性统计来看(附录表 4A-2)，处置组与对照组患者的平均年龄相当(55.13 岁对 54.79 岁)，获得县内最好医疗资源的便利性相当(距县中心距离，21.53 千米对 19.19 千米)，获得市内最好医疗资源的便利性也大致相同(距市中心距离，56.35 千米对 65.32 千米)。

表 4-3 给出了描述性的双重差分结果。尽管在 2013 年，两县的县内就医比重相对前一年都有所下降，但相较于对照组下降了 1 个百分点，处置组只下降了 0.2 个百分点。这暗示县内报销比例的提升可能有助于遏制入城就医的倾向。从描述统计结果来看，挽留的患者规模大约在 0.8 个百分点。下一部分我们将进一步通过回归分析估计双重差分效果。

表 4-3　描述性双重差分结果

就医选择(县内=1)	处置组	对照组	差分
政策前	0.900 (0.300)	0.936 (0.245)	-0.036*** (0.001)
政策后	0.898 (0.301)	0.927 (0.261)	-0.029*** (0.001)

续表

就医选择(县内=1)	处置组	对照组	差分
差分	-0.002 (0.002)	-0.010*** (0.001)	0.008

注：括号内为标准差，*、**和***分别代表在10%、5%和1%的水平上显著。

五、实证结果

(一) 基本结果

表4-4报告了使用TJ和TZ两县新农合住院赔付数据对方程(4-1)进行估计的结果。第(1)列只控制了个人特征，此时处置组与政策后交叉项的系数为0.8%，并且在1%水平显著，表明县内报销比例的提高的确能够促进县内就医的增加。进一步控制到县、市中心的距离，所得结果近乎相同［第(2)列］。第(3)列进而引入疾病固定效应，疾病类别是基于入户调查的研究中难以得到控制的变量。加入这一固定效应后，交叉项系数仍然在1%水平显著，但规模有所降低——县级医院报销比例提高5个百分点，带动患者县内就医增加0.5%。使用Probit模型估计方程(4-1)，得到相似结果［第(4)列］。我们得到的系数与赵绍阳等的发现①在方向和规模上一致。在其余变量中，患者的年龄越大越倾向于留在县内就医；距离市中心距离越远，患者越倾向于留在县内就医；距离县中心的距离越近，患者越倾向于留在县内就医。这与已有研究的结果是一致的。②

① 赵绍阳，尹庆双，臧文斌.医疗保险补偿与患者就诊选择——基于双重差分的实证分析［J］.经济评论，2014(1)：3-11.

② ERLYANA E, DAMRONGPLASIT K K, MELNICK G. Expanding health insurance to increase health care utilization: will it have different effects in rural vs.urban areas? ［J］.*Health policy*, 2011, 100(2): 273-281.

SMITH H, CURRIE C, CHAIWUTTISAK P, etal.Patient choice modelling: how do patients choose their hospitals? ［J］*Health care management science*, 2017: 1-10.

表 4-4 县内报销比例提高对县内就医的影响——双重差分回归结果

变量	(1) LPM	(2) LPM	(3) LPM	(4) Probit
处置组×政策后	0.008*** (0.002)	0.008*** (0.002)	0.005*** (0.002)	0.008*** (0.002)
处置组	-0.037*** (0.001)	-0.017*** (0.002)	-0.006*** (0.002)	-0.009*** (0.002)
政策后	-0.011*** (0.001)	-0.011*** (0.001)	-0.008*** (0.001)	-0.010*** (0.002)
年龄	0.002*** (0.000)	0.002*** (0.000)	0.003*** (0.000)	0.002*** (0.000)
年龄平方	-0.000* (0.000)	-0.000* (0.000)	-0.000*** (0.000)	-0.000*** (0.000)
所在镇到县中心距离(千米)		-0.001*** (0.000)	-0.001*** (0.000)	-0.001*** (0.000)
所在镇到市中心距离(千米)		0.002*** (0.000)	0.002*** (0.000)	0.002*** (0.000)
病种固定效应	否	否	是	是
常数项	0.833*** (0.003)	0.720*** (0.006)	0.730*** (0.116)	
观测值	286139	286139	286139	285987
R^2	0.021	0.023	0.129	

注：① 括号内为稳健标准误，*、** 和 *** 分别代表在 10%、5% 和 1% 的水平上显著；② Probit模型报告的是边际效应，因此未汇报常数项；③ 病种按照 ICD-10 的 2 位数编码划分，共有 141 个；④ 镇到县和市中心的距离由百度地图查阅整理。

虽然交叉项的系数表现显著，但值得注意的是，无论使用哪个模型，样本期内由时间自然变动所引发的患者外出就医增长，其程度都大于医保政策调整所带来的影响。这种自然趋势可能来自农村居民收入提高导致的医疗质量需求提高，城镇化发展、交通条件改善带来的就医便利性增加等。第(3)列的基准模型中，表示政策后变量的系数为-0.008，表明一年间患者外出就医的自然增长为0.8个百分点；虽然提高报销比例的政策变动抵消了0.5个百分点，但加总起来仍有0.3%的负向影响，患者的外出就医仍呈增加趋势。这样的结果表明，尽管报销比例调整能够发挥引导作用，但单纯依靠医保补偿政策的提升，对引导分级诊疗的作用有限。

（二）异质性结果

既有文献在对医疗需求价格弹性的研究中发现，不同病种之间的弹性存在异质性。[①] 医保报销比例直接影响医疗价格。因此一个自然的问题是，报销比例调整对哪类疾病的影响最大？我们将样本按照疾病ICD-10分类的“章”层级划分为子样本[②]，在每个子样本中分别重复基准回归。章层级的分类大致对应医院科室，而科室正是医院开展医疗活动的基本单位。[③] 图4-3显示了每个疾病类别的双重差分处置效应与该疾病2012年平均费用之间的关系。由于两个县医院所擅长的科室有不同，因此难以在每一个具体的疾病类别都形成完美的处置-对照，这使得单独观察某一类疾病可能存在偏误(这也可能是图4-3中有些病种系数为负的原因)。但整体趋势仍能够提供有益的信息。从整体趋势来看，费用越低的病种，受到政策的影响越大。即低花费的疾病，在优惠报销政策的倾斜下，更倾向于县内就医。这一结果符合常识。通常疾病的费用和其严重复杂程度呈正相关。严重复杂疾病理应去往技术条件更

---

① HSU J, RPICE M, HUANG J, et al. Unintended consequences of caps on Medicare drug benefits [J]. *New England journal of medicine*, 2006, 354(22): 2349-2359.

② 章层级基本相当于1位数，但少数章层级由两类首字母开头的疾病类组成。

③ ICD 2位数分类基本对应“块”层级，而章层级下分块的数量不一，因此在这里使用“块”层级可能导致不当的权重分配。加之同一个科室内部的疾病分类之间可能互相调剂，因此使用章层级较块层级更为合适。

好的高级别医院。而目前三级医院医疗需求集中，主要是由于常见病、多发病、慢性病这些本可以在一级、二级医院解决的疾病也直接涌入。结果表明，这一部分患者是可以在报销比例的作用下主动降低就医级别的。

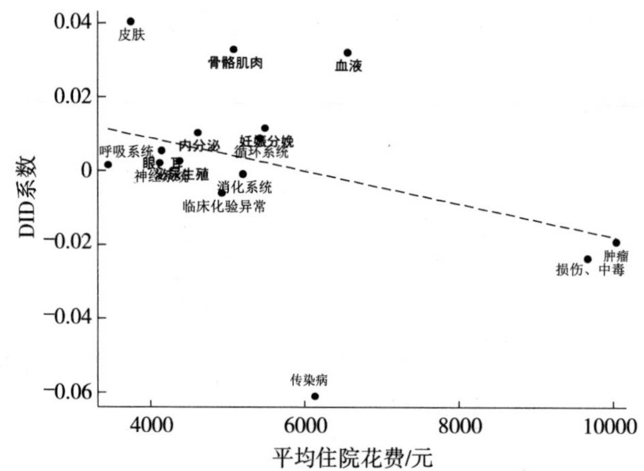

注：① 图中病种是按照ICD-10编码的“章”层级分类；② 平均住院花费根据样本中该病种下所有观测值的总花费平均得来，单位为元。

图 4-3　病种平均费用和政策效应的关系

考虑到不同年龄的人在收入、健康状况、就医成本上差异巨大，对于报销政策变化的反应也很可能不同，我们将整个样本按照年龄分组进行回归。分为幼儿(6 岁及以下)、少年(7~16 岁)、青年(17~40 岁)、中年(41~60 岁)、低龄老年(61~85 岁)和高龄老年(86 岁及以上)六组。从表 4-5 中可以看到，提高县内就医报销比例所吸引的主要是少年(7~16 岁)、中年(41~60 岁)和低龄老年(61~85 岁)组。这一结果是可以理解的。少年组因为大部分处于上学年龄，对时间和距离成本较为敏感，更可能因为报销比例的变化被留在县内就医。这一组的系数规模最大，为 2.8%。中老年组处于疾病多发期，对于价格的变化较为敏感。而幼儿和高龄老人的疾病普遍关系到成长发育和存活，青年期发病率低、收入高，住院也多为重大疾病，这三个群体一般不会因为报销比例的微调而改变就医层级。

表 4-5 按年龄分组的回归结果

变量	(1) ≤6 岁	(2) 7~16 岁	(3) 17~40 岁	(4) 41~60 岁	(5) 61~85 岁	(6) ≥86 岁
处置组×政策后	-0.014 (0.014)	0.028** (0.014)	-0.002 (0.006)	0.007** (0.003)	0.006** (0.003)	-0.008 (0.008)
处置组	-0.027** (0.012)	0.005 (0.011)	-0.002 (0.005)	-0.007** (0.003)	-0.006*** (0.002)	-0.005 (0.008)
政策后	-0.011 (0.010)	-0.015 (0.009)	-0.011*** (0.004)	-0.004* (0.002)	-0.008*** (0.002)	0.003 (0.006)
观测值	10436	8309	37683	100962	123397	5352
R^2	0.302	0.248	0.185	0.119	0.088	0.057

注：① 控制变量包括所在镇到县中心距离、所在镇到市中心距离和病种固定效应；② 所有列均为线性概率模型结果；③ 括号内为稳健标准误，*、**和***分别代表在10%、5%和1%的水平上显著。

六、稳健性检验

在本部分中，我们将通过使用城镇医保做安慰剂检验(Placebo-Test)和变换对照组做双重差分两种方法，来验证上一部分所估计的双重差分处置效应的稳健性。

（一）安慰剂检验

对于我们的识别策略，一个潜在的问题是，双重差分结果所反映的可能是方程中遗漏的 TJ 和 TZ 县内其他因素的作用，例如被我们忽略的县级层面其他改革、基础设施或医疗条件的变化等。特别值得指出的是，新农合的管理机构——卫生部门同时也是供方医疗机构的管理者，因此卫生部门可能通过对医院施加不成文的管理措施来限制患者的外出就医。为了回应这一潜在问题，我们使用 2012—2013 年处置组 TJ 与对照组 TZ 各自的城镇职工医保与城镇居民医保的合并赔付数据，进行安慰剂检验。① 两类城镇保险在样本期内并无报销政策或其他政策的变化。参保城镇居民与所在县的农村居民共享同样的医疗、道路等基础设施，并同时受到县内其他改革的影响，因此适于作为安慰剂组。表4-6报告了安慰剂检验的结果。由于县内城镇居民集中生活在县城街道，因此模型中去掉了两个距离变量，为此我们在表中也给出了相应去除距离变量的原样本回归结果作为比照［第(1)列和第(2)列］。从表4-6的第(3)列和第(4)列可以看到，城镇患者样本的交叉项系数不显著且为负，这一结果与农村居民截然不同。因此，我们可以排除基准模型交叉项系数的正向显著是由其他县内不可观测变量所导致这一可能。

表4-6 城镇患者安慰剂检验

变量	农村		城镇	
	(1) LPM	(2) Probit	(3) LPM	(4) Probit
处置组×政策后	0.005*** (0.002)	0.008*** (0.002)	-0.009 (0.015)	-0.010 (0.016)
处置组	-0.025*** (0.001)	-0.009*** (0.002)	0.284*** (0.012)	0.280*** (0.011)
政策后	-0.007*** (0.001)	-0.010*** (0.002)	0.003 (0.011)	0.002 (0.010)
观测值	286139	285987	12755	12569
R^2	0.127		0.229	

注：① 控制变量包括年龄和病种固定效应；② Probit模型报告的是边际效应；③ 号内为稳健标准误，*、**和***分别代表在10%、5%和1%的水平上显著。

（二）更换对照组稳健性

由于缺乏县内就医选择在时间序列上的信息，无法直接验证处置组

① 之所以需要将两类数据合并，是因为城镇地区的少年儿童在城镇居民医保参保，而成人多在城镇职工医保参保，因此单独提取其中一个医保类型，所覆盖的年龄群体和新农合相比会有偏差。

和对照组具有平行时间趋势的假定，这使得很难在样本内充分证明对照组 TZ 的合理性。为了检验表 4-4 双重差分结果的稳健性，我们引入其他两个在 2013 年没有发生住院报销比例变动的县——TF 和 TD，分别替代原对照组 TZ 进入双重差分。其中，备选对照组 TF 位于远郊，不与市区接壤，农民人均纯收入为 13593 元，低于处置组和原对照组；备选对照组 TD 属于近郊市区，与中心城区接壤，农民人均纯收入为 15800 元，高于处置组和原对照组。所得双重差分结果见表 4-7 的第(1)列和第(2)列。同时，我们也将所有 3 个保持报销比例不变的县合并作为对照组的结果汇报在第(3)列，并在第(4)列附上原对照组 TZ 的回归结果。可以看到，双重差分结果在使用其他对照组的情况下仍然保持符号和显著性上的稳健，而我们基准回归中所使用的对照组 TZ 给出的是最保守的估计。

表 4-7　使用其他对照组的稳健性

变量	(1) 潜在对照组 1 TF	(2) 潜在对照组 2 TD	(3) 合并对照组 TF+TD+TZ	(4) 原对照组 TZ
处置组×政策后	0.011*** (0.002)	0.071*** (0.004)	0.011*** (0.002)	0.005*** (0.002)
处置组	0.011*** (0.002)	-0.079*** (0.003)	-0.015*** (0.001)	-0.006*** (0.002)
政策后	-0.012*** (0.001)	-0.073*** (0.004)	-0.013*** (0.001)	-0.008*** (0.001)
观测值	390445	173049	539352	286139
R^2	0.130	0.126	0.130	0.129

注：① 控制变量包括年龄、年龄的平方、病种固定效应；② 所有列均为线性概率模型结果；③ 括号内为稳健标准误，*、** 和 *** 分别代表在 10%、5% 和 1% 的水平上显著。

七、小结

本节利用样本城市两个新农合统筹区在2013年进行的报销比例调整，设计双重差分模型，评估医保报销政策的梯度设计能否引导医疗需求下沉。使用政策前后的医保住院赔付数据，回归结果表明，县内住院报销比例提升5个百分点会显著降低0.5%~0.8%的外出就医。虽然影响的幅度有限，但这一效果是稳健的。城镇医保的安慰剂检验排除了双重差分效果由其他政策导致的可能，而换用其他对照组重复回归的结果表明我们的估计是真实处置效应的下界。值得指出的是，这一效果在不同病种和不同年龄的患者间具有较强的异质性：平均医疗花费越低的疾病，其患者越容易受到报销政策的引导；少年、中年以及低龄老年患者的就医行为更容易受到政策影响，而幼儿、青年和高龄老年患者的反应不显著。

本节的结果并不意味着我们认为梯度化的报销政策是实现分级诊疗的不二良方。收入水平不同、已有报销水平不同，都可能影响患者对于相同政策变化的反应弹性。同时，在基层医疗卫生水平没有进步的情况下，将患者引导到基层，也可能降低患者的福利水平。需要指出的是，在我们的回归结果中，无论使用哪个模型，样本期内由时间自然变动所引发的患者外出就医增长，其程度都大于医保政策调整所带来的影响。因此单纯依靠医保补偿政策的提升，恐怕难以达到引导分级诊疗的目的，需要更多供方改革的支持。

但我们也不完全认同“报销比例已经接近天花板，梯度补偿政策实施空间有限”的说法。本节的制度背景——样本城市TJ县新农合报销比例上调5个百分点，仅指目录内报销比例增加5个百分点。而如前一节所述，医保待遇的差异还可以体现在其他方面。例如，新农合和城镇医保的目录差异很大，新农合的药品种类在大多数省份不足城镇医保的一半。在城乡医保整合的大背景下，农村居民的医保目录必将有所扩大。此外，新保障项目的增加，如长期护理，也在试点之中。在类似这样的情况下，城乡医保报销制度的精细化设计是有操作空间的。而给定不同病种间存在价格弹性的异质性，如何针对不同病种，重新设计三类医院的待遇参数，需要更多基于微观数据，尤其是行政数据的证据支持。

— 本章附录 —

一、处置组和对照组的比较

表 4A-1　处置组和对照组的社会经济特征比较

项目	处置组（TJ 县）	对照组（TZ 县）
经济社会状况（2012 年）		
人口（万人）	113.4	80.9
乡镇数量（个）	24	18
城镇居民人均可支配收入（元）	28609	28586
农村居民人均纯收入（元）	13923	13939
县政府到市中心距离（千米）	39.6	55
是否有直达中心市区的公共交通	无	无
医疗资源（2012 年）		
病床数（张）	4532	3248
医院、卫生院数（家）	38	28
卫生技术人员数（人）	6051	3215

续表

项目	处置组(TJ 县)	对照组(TZ 县)
二级及以上医院数量(家)	2	2
新农合住院报销制度		
报销目录	基本相同	
2012 年报销比例	一级医院 90%，二级医院 65%，三级医院 55%	
2013 年报销比例	二级医院调整为 70%	不变

资料来源：经济社会状况数据来自 TJ 和 TZ 两县《2012 年国民经济与社会发展统计公报》，医疗资源数据来自《中国城市统计年鉴—2013》（该两县实为县级市），新农合住院报销制度来自各县 2012 年和 2013 年新农合补偿方案。

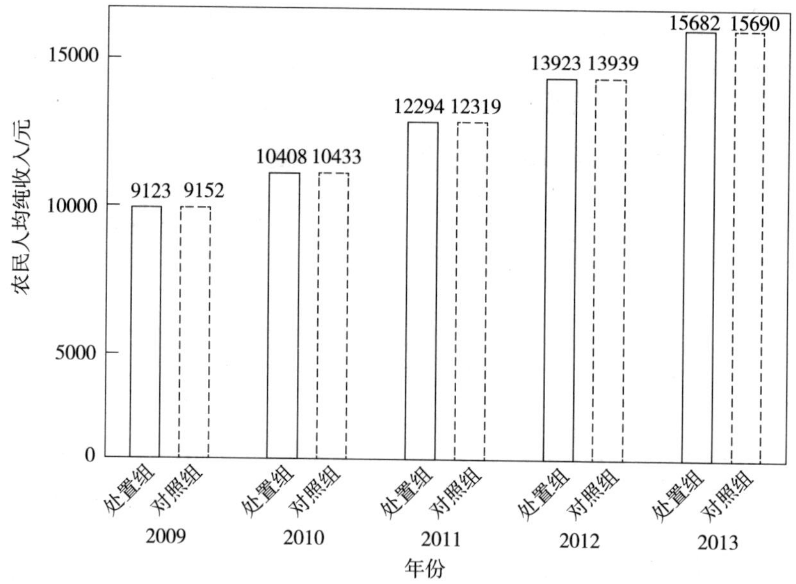

图 4A-1　处置组与对照组农民人均纯收入变化

资料来源：TJ 与 TZ 两县历年国民经济与社会发展统计公报。

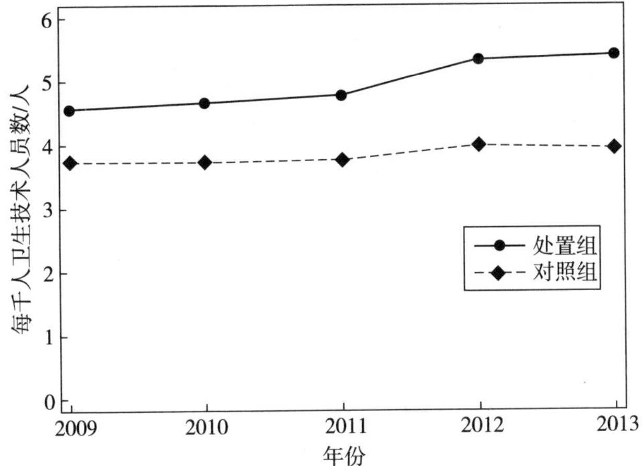

注：由于执业医师数的统计自2011年才开始，这里使用卫生技术人员数作为医疗条件中医护人员数量的度量指标；每千人卫生技术人员数由作者根据各县卫生技术人员数除以人口数得到。

图 4A-2　处置组与对照组每千人卫生技术人员数变化

数据来源：卫生技术人员数据来自各年份《中国城市统计年鉴》（该两县实为县级市），人口数来自 TJ 与 TZ 两县历年国民经济与社会发展统计公报。

二、样本的描述性统计

表 4A-2　样本描述性统计

变量	处置组 TJ 县	对照组 TZ 县	全样本
年龄(岁)	55. 131 (20. 354)	54. 789 (19. 954)	54. 97 (20. 17)
所在镇到县中心距离(千米)	21. 527 (13. 740)	19. 192 (10. 502)	20. 46 (12. 42)
所在镇到市中心距离(千米)	56. 353 (11. 797)	65. 320 (10. 810)	60. 46 (12. 20)
疾病分布(%):			

续表

变量	处置组 TJ 县	对照组 TZ 县	全样本
A：传染病和寄生虫病	1.91	2.11	2
C：肿瘤	13.19	9.57	11.54
D：血液和造血器官疾病以及某些涉及免疫机能的异常	0.49	0.45	0.47
E：内分泌、营养和代谢疾病	3.06	2.98	3.02
G：神经系统疾病	1.81	2.15	1.96
H：眼及附器疾病，耳和乳突疾病	3.31	4	3.63
I：循环系统疾病	25.51	22.21	24
J：呼吸系统疾病	14.88	18.43	16.51
K：消化系统疾病	8.31	10.15	9.15
L：皮肤和皮下组织疾病	0.49	0.53	0.51
M：骨骼肌肉系统和结缔组织疾病	7.38	7.9	7.62
N：泌尿生殖系统疾病	4.82	8.52	6.51
O：妊娠、分娩和产褥期	3.67	2.9	3.32
P：起源于围生期的某些疾病	0.43	0.38	0.41
Q：先天性畸形、变形和染色体异常	0.19	0.13	0.16
R：症状、体征和异常的临床化验结果	1.64	1.88	1.75
S：单部位损伤	6.87	4.78	5.91
T：多部位损伤及中毒和外因作用的某些其他结果	2.04	0.94	1.54
观测值数量	155133	131006	286139

注：括号内为标准差。

三、双重差分处置效应图示

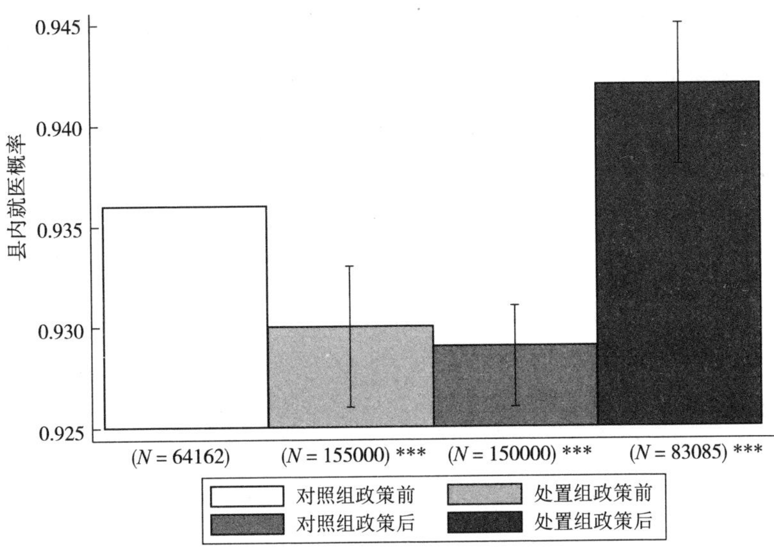

图 4A-3　双重差分处置效应

— 本章参考文献 —

[1] ALLISON P D.Comparing logit and probit coefficients across groups [J].*Sociological methods & research*,1999,28(2):186-208.

[2] ARON-DINE A,EINAV L,FINKELSTEIN A.The RAND health insurance experiment, three decades later [J]. *The Journal of eonomic perspectives*,2013,27(1): 197-222.

[3] BECKERT W,CHRISTENSEN M,COLLYER K.Choice of NHS-funded hospital services in England[J].*Economic journal*,2012,122(560): 400-417.

[4] BROWN P,DE BRAUW A,THEOHARIDES C B.Health-seeking behavior and hospital choice in China's New Cooperative Medical System[J]. *Health economics*,2009,18(S2):S47-S64.

[5] ERLYANA E, DAMRONGPLASIT K K, MELNICK G. Expanding health insurance to increase health care utilization: will it have different effects in rural vs.urban areas? [J].*Health policy*,2011,100(2): 273-281.

[6] GAYNORM, PROPPER C, SEILER S. Free to choose? reform and demand response in the English National Health Service[J] .*National Bureau of Economic Research,Inc*,2012,29(3).

[7] GUTACKER N, SICILIANI L, MOSCELLI G, et al. Choice of hospital: which type of quality matters? [J]. *Journal of health economics*, 2016,(50):230-246.

[8] HSU J,RPICE M,HUANG J,et al.Unintended consequences of caps on Medicare drug benefits[J]. *New England journal of medicine*, 2006, 354 (22):2349-2359.

[9] KEELER E B,ROLPH J E.The demand for episodes of treatment in the health insurance experiment[J].*Journal of health economics*,1998,7(4): 337-367.

[10] MATTHEWS S,MOORE J.Monopoly provision of quality and warranties: an exploration in the theory of multidimensional screening[J]. *Econometrica*,1987,55(2):441-467.

[11] MASKIN E,RILEY J.Monopoly with incomplete information[J]. *Rand journal of economics*,1984,15(2):171-196.

[12] MCCONNELL K J, LINDROOTH R C, WHOLEY D R, et al.

Modern management practices and hospital admissions[J].*Health economics*, 2016,25(4):470-485.

[13] MOOD C.Logistic regression: why we cannot do what we think we can do,and what we can do about it[J].*European sociological review*,2010,26(1):67-82.

[14] NEUHAUS J M,JEWELL N P.A geometric approach to assess bias due to omitted covariates in generalized linear models[J].*Biometrika*,1993,80(4):807-815.

[15] SIVEY P.The effect of waiting time and distance on hospital choice for English cataract patients[J].*Health economics*,2010,21(4):444-456.

[16] SMITH H,CURRIE C,CHAIWUTTISAK P,et al.Patient choice modelling: how do patients choose their hospitals? [J] *Health care management science*,2017:1-10.

[17] SUGDEN R.On nudging: a review of nudge: improving decisions about health,wealth and happiness by Richard H.Thaler and Cass R.Sunstein [J].*International journal of the economics of business*,2009,16(3):365-373.

[18] TAY A.Assessing competition in hospital care markets: the importance of accounting for quality differentiation[J].*Rand journal of economics*, 2003,34(4):786.

[19] THALER R H,SUNSTEIN C R.Nudge: improving decisions about health,wealth and happiness[M].London:Yale University Press,2008.

[20] VARKEVISSER M,GEEST S A V D,SCHUT F T.Do patients choose hospitals with high quality ratings? empirical evidence from the market for angioplasty in the netherlands[J].*Journal of health economics*,2012,31

(2):371.

[21] 高和荣.健康治理与中国分级诊疗制度[J].公共管理学报,2017,14(2):139-144+159.

[22] 江金启.新农合政策与农村居民的就医地点选择变化[J].南方经济,2013(2):56-66.

[23] 刘明霞,仇春涓.医疗保险对老年人群住院行为及负担的绩效评价——基于中国健康与养老追踪调查的实证[J].保险研究,2014(9):58-70.

[24] 任向英,王永茂.城镇化进程中新农合政策对农民就医行为的影响分析[J].财经科学,2015(3):121-130.

[25] 王歆,于新亮,程远.医药消费的"年底效应"——基本医保报销机制对参保者医药消费行为的影响[J].保险研究,2015(8):116-127.

[26] 赵绍阳,尹庆双,臧文斌.医疗保险补偿与患者就诊选择——基于双重差分的实证分析[J].经济评论,2014(1):3-11.

第五章　制度设计过程中需要考虑的问题

第一节　城乡医疗服务利用差别问题

一、引言

党的十九大报告提出，我国社会的主要矛盾已经转化为人民日益增长的美好生活需要和不平衡不充分的发展之间的矛盾。在医疗保障方面，弥合城乡居民之间的医疗服务利用差别是政策设计中持续关注的问题，“两保合一”即出于这一动因。而全面解决这一问题的基础，是对现有城乡人群的医疗服务利用状况有清晰了解。本节即通过实证方式考察城乡人群的医疗服务利用差别及其来源。考虑到我国正处在老龄化加速时期，老龄化背景下如何确保人民群众能够获得全方位的健康服务也是摆在政策制定者面前的重要问题，因此我们进一步将观察对象限定为城乡老龄人群。

既有关于城乡老龄人群医疗服务利用的研究多基于调查数据。例如，封进等使用 CHNS 数据，发现城镇居民和农村居民的健康差距没有因年龄增长而扩大，但是两类人群的医疗费用差距在扩大，显示农村医疗需求未能得到充分满足。① 针对农村老年人，阎竣和陈玉萍发现随着年龄增加农村老年人对医疗资源的使用在下降，显示其权益未能得到保护。② 上述使用调查数据的研究普遍面临的困难在于，以一段时间内的个人医疗总支出作为衡量医疗服务利用的指标，无法控制所患疾病状况，因此对不同人群医疗服务利用的分析和比较很难建立在具有相同医疗需求的基础上。

本节使用样本城市 2012 年医保明细数据进行研究，包括住院明细数据和慢性病就诊明细数据。以 65 岁作为老年的起始年龄，样本共包含以新农合参保人表示的农村老年患者 172554 人次，和以城镇职工参保人表示的城镇老年患者 137526 人次。③ 从医疗费用和医疗可及性两个角度进行观察，实证结果发现，对于相同疾病，城镇患者支付的住院医疗费用显著高于农村患者，获得的高质量医疗服务和全周期医疗服务项目的机会也高于农村患者，并且这一特征随患者年龄的增加更为明显。这表明，城乡老龄人群之间确实存在多个维度的医疗服务利用差别。我们继而就此提出政策建议。

与既有文献相比，本书的创新之处主要是：第一，本书是为数不多使用行政数据对城乡医疗服务利用问题进行考察的研究之一，行政数据所提供的详细信息使我们能够控制疾病病种等决定医疗费用的关键因素。第二，在既有文献多关注医疗费用的基础上，本书还引入医疗可及性角度，就住院医疗服务可及性和包含慢性病管理在内的整体医疗服务

① 封进，余央央，楼平易.医疗需求与中国医疗费用增长——基于城乡老年医疗支出差异的视角[J].中国社会科学，2015(3)：85-103+207.

② 阎竣，陈玉萍.农村老年人多占用医疗资源了吗？——农村医疗费用年龄分布的政策含义[J].管理世界，2010(5)：91-95.

③ 城镇户籍居民按就业状况分别参加城镇职工医保和城镇居民医保。而样本城市城镇人口中城镇职工参保人所占比重达 89%，因此我们只取城镇职工作为城镇户籍居民的代表。

可及性两个方面进行探讨。据我们所知，本书是首个应用行政数据涉及老龄人群慢性病管理的研究。

本节接下来的部分规划如下：第二部分比较城乡老龄人群的医疗费用差异；第三部分比较城乡老龄人群的医疗可及性差异；第四部分小结。

二、城乡医疗服务利用的费用差别

住院是医疗项目中花费最高的一项，也是医保基金支出的大头。我们首先使用住院数据分析城乡医疗服务利用的费用差距。

（一）模型设定

识别城乡医疗费用差异的方法可能有两类。一类是非参数方法，如匹配（matching）。但由于可观测变量中涉及较多的虚拟变量，这会在很大程度上影响匹配效率。因此我们仍旧采用参数方法进行。

我们使用下列模型来识别城乡身份对于医疗费用的影响：

$$Y_i = \alpha_0 + \beta_1 Urban_i + X_i \gamma + \varepsilon_i \tag{5-1}$$

其中，因变量 Y 是该次住院的医疗费用，取对数处理。ε 是误差项。

我们关注的自变量是表征患者城乡身份的 $Urban$（$Urban=1$ 为城镇，$Urban=0$ 为农村），通过患者的医保类型是城镇职工还是新农合识别。患者医保类型对于医生是公开信息，体现在两个方面：第一，根据国家卫计委规定，患者住院时医院需要填写“住院病案首页”，其第一项即为“医疗付款方式”，并在注释中列明了此栏包括城镇职工医保、城镇居民医保、新农合、全自费、全公费等选项；第二，根据患者的住院流程，住院前需先缴纳押金，而押金的数额根据院方估计的患者自费数额确定，因此医院会事先询问患者的医保类型来进行估算。

为了分离出医保类型的影响，我们同时控制如下一组变量 X：

（1）年龄。受医保数据本身所限，关于患者个人特征的信息很少，只有年龄。疾病治疗的复杂程度及费用状况与年龄密切相关，并且可能为非线性关系①，因此这里使用年龄和年龄平方来控制。

（2）医院级别。我国实行独特的医院分级体系，不同级别的医疗机构提供具有差别的医疗服务，总体呈现出医疗费用随医疗级别上升的特征，因此需要对医院级别进行控制。② 我们还将在下一部分详细探讨与就医级别有关的医疗服务利用问题。在此以一级医院为基准，加入二级医院、三级医院两个虚拟变量。

（3）地区固定效应。加入表示患者参保所在地的虚拟变量，以控制当地的医保政策或经济发展(收入)水平。共区分了9个地区，即8个县级单位(新农合统筹区)及1个市区(无新农合)。

（4）疾病固定效应。使用ICD-10“类”目(3位数编码)对病种进行归类。3位数分类是ICD分类的核心基准，也是国际比较中的标准报告类别。从研究的角度，这一细分程度既有助于在一定程度上控制疾病差异，获取经济学感兴趣的普遍规律特征，又有助于兼顾医学研究中对于同种疾病的定义要求。共区分584种疾病。

（5）医院固定效应。对于某种相同疾病，不同医生可能有自己偏好或擅长的诊疗方案，从而造成费用差别。这种专长的形成往往与医院特点有关；此外，医院提供的软件环境也对诊疗方案制定有影响。因此需要控制医院固定效应。

结合上述控制变量的特征，我们对样本进行了进一步筛选。第一，由于控制疾病固定效应和医院固定效应会导致自变量大幅增加，为了提

① 高梦滔，姚洋.性别、生命周期与家庭内部健康投资——中国农户就诊的经验证据[J].经济研究，2004(7)：115-125.

② 对于同一项医疗服务，物价部门核定的收费价格也随医院级别不同而不同，越高等级医院收费越高。

高估计的效率，以尽可能地保存观测值为原则，我们剔除了那些病例数小于300例的疾病以及病例数小于300例的医院。[①] 第二，两大类特殊病例也被排除在外，一类是精神和行为障碍(ICD-10中的F类)，一类是妊娠、分娩和产褥期(ICD-10中的O类)。剔除前者是由于该疾病具有特殊性，治疗方法及费用结构与一般疾病不同，因而不宜与其他疾病混同考察[②]；剔除后者是由于城镇职工与分娩有关的住院大多包含在生育保险中，因此在医疗保险数据中缺乏与新农合相应的对照。第三，我们只保留了同一患者的首次住院数据，这是由于多次住院可能意味着较为复杂的病情，而我们的疾病病种只能记录第一诊断，因此剔除这些可以避免费用异常值的干扰。多次住院也可能是由于慢性病，我们将在本节的第三部分单独讨论关于慢性病的问题。第四，我们在原始样本中剔除了那些外地就医以及急诊的观测值，以确保只包含本市普通住院。

表5-1提供了样本的描述统计。可以看到，城乡两组患者的平均年龄几乎相当。城镇患者的医疗花费大大高于农村患者。二者在总费用上相差6872元，并且无论是医保报销金额(实际报销额)还是患者自己承担的部分(个人自付额)，城镇患者都高于农村患者。此外，两类人群就诊的医疗机构也存在差异，城镇患者去往三级医院的比重显著更高。

表5-1　变量的描述统计

变量	(1) 全样本	(2) 农村	(3) 城镇	Diff(3)-(2) 城镇-农村
观测值数量	116678	72414	44264	

① 在门槛值为300的情况下，样本中的疾病固定效应变量为105个，医院固定效应变量为141个，较好地平衡了自变量数量与样本规模。

② 包括样本城市在内，各地对于精神疾病的医保支付往往采用与其他疾病不同的付费方式，即按床日付费。

续表

变量	(1) 全样本	(2) 农村	(3) 城镇	Diff(3)-(2) 城镇-农村
总费用(元)	7876.5 (11592.8)	5269.3 (8045.5)	12141.9 (14800.2)	6872.7*** (66.99)
实际报销额(元)	5031.2 (7019.5)	2862.8 (3201.2)	8578.6 (9635.6)	5715.8*** (38.91)
个人自付额(元)	2845.4 (5876.3)	2406.5 (5369.9)	3563.3 (6558.7)	1156.8*** (35.29)
范围外费用(元)	1606.4 (4885.2)	912.0 (3683.4)	2742.5 (6215.5)	1830.5*** (28.98)
年龄(岁)	74.97 (6.703)	74.94 (6.764)	75.02 (6.602)	0.0779 (0.0404)
二级医院	0.410 (0.492)	0.437 (0.496)	0.367 (0.482)	-0.0697*** (0.00296)
三级医院	0.275 (0.447)	0.0787 (0.269)	0.596 (0.491)	0.518*** (0.00223)

注：括号内为标准差，*、**和***分别代表在10%、5%和1%的水平上显著。

（二）回归结果

根据计量模型(5-1)，表5-2报告了OLS回归的基本结果。从第(1)列可以看到，在控制了个人特征、地区、疾病和医院的差异之后，城镇变量带来的影响为正且在1%水平显著，这表明其他条件相同时(处于相同年龄、患有相同疾病、来自相同地区并在同一医院就诊的情况下)，城镇患者比农村患者支出更多的医疗费用。费用增加的程度为15.9%。我们继而将样本分为70岁以下、70~80岁以及80岁以上三组，考察医疗费用差异在不同年龄组中的情况。由表5-2的(2)~(4)列可以看到，随着年龄的上升，城乡患者医疗费用的差距扩大。对于来自相同地区、患相同疾病、在相同医院就诊的患者，70岁以下城镇患者的费用较农村患者高12.2%，70~80岁组高15.6%，而80岁以上的城乡差距则高达25%。这一结果部分地印证了封进等①以及高梦滔和姚洋②的结论，即随着年龄的增加，农村老年居民的医疗支出下降，城乡差距扩大。

表 5-2 回归结果

因变量：总费用(对数)				
变量	(1) 全样本	(2) 65~70岁	(3) 70~80岁	(4) 80岁以上
是否城镇	0.159*** (0.008)	0.122*** (0.013)	0.156*** (0.011)	0.250*** (0.020)
年龄	0.046*** (0.005)			
年龄平方	-0.000*** (0.000)			
二级医院	-0.007 (0.064)	0.061 (0.128)	-0.063 (0.084)	0.036 (0.153)
三级医院	2.074*** (0.061)	2.145*** (0.105)	1.918*** (0.104)	1.472*** (0.167)
地区固定效应	是	是	是	是
疾病固定效应	是	是	是	是
医院固定效应	是	是	是	是
常数项	5.531*** (0.204)	7.282*** (0.071)	7.206*** (0.058)	7.181*** (0.112)
观测值数量	116678	35257	56270	25151
R^2	0.636	0.650	0.638	0.631

注：括号内为稳健标准误，*、**和***分别代表在10%、5%和1%的水平上显著。

---

① 封进，余央央，楼平易.医疗需求与中国医疗费用增长——基于城乡老年医疗支出差异的视角[J].中国社会科学，2015(3)：85-103+207.

② 高梦滔，姚洋.性别、生命周期与家庭内部健康投资——中国农户就诊的经验证据[J].经济研究，2004(7)：115-125.

其他变量方面。年龄变量的系数为正且显著，由第(1)列，相同条件下年龄每增加1岁，医疗费用增加4.6%。这一趋势几乎是线性的，体现在年龄平方的系数虽然显著但规模较小。相同条件下二级医院收取的总费用水平与一级医院相比几无差异，而三级医院增加逾两倍。

（三）费用差别的来源

患者医疗费用的支付可以来自个人积蓄，也可以来自医疗保险。那么产生城乡差异的原因是由于城乡收入差距，还是医疗保险保障水平不同？我们在本部分考察这一问题。

我们首先将医疗总费用拆分为两部分，由医保基金支付的部分，即实际报销额，以及由个人承担的部分，即个人自付额。表5-3的第(1)、第(2)行显示了这两类费用的城乡差别情况。由第(1)行可以看到，总体来看，城镇患者享受的医保报销费用大幅高于农村患者，相同情况下平均高出48.1%。年纪越大，住院费用中依赖医保基金支付的金额相对越高。80岁以上组的城镇患者，从医保基金中获得的资金帮助比农村患者高55.8%，这一水平比65~70岁组高出10个百分点。

第(2)行展示了个人自付额的情况。城镇患者自掏腰包买单的费用在各年龄段都较农村患者更低，平均低39.8%。而从年龄趋势来看，自付费用的城乡差距随着年龄的增加而缩小，65~70岁组中城镇患者少付42.9%，而在80岁以上组这一数值为32.1%。

个人自付额实际由两部分组成。一是应纳入医保报销范围的费用中需要个人承担的部分。在目前的报销政策中，医保基金与患者按照报销比例分担医疗费用，因此使用的医保基金数额越大，意味着需要个人自付的部分也会相应增加。这可能使得对个人自付额的观察难以直接表明收入效应。我们因此加入个人自付额中的另一个部分，那些完全不纳入医保报销的范围外费用，对其进行考察。表 5-3 的第(3)行展示了这一结果。可以看到，城镇患者所使用的报销范围之外的药品、耗材或支出的检验费用，也大大高于农村患者，幅度总体为 59.1%。而随着年龄的增加，这一差距也在扩大，在高年龄组达到 69.3%。由此可知，个人收入的确是造成城乡医疗费用差异的重要因素。

将表 5-3 中的结果结合起来，值得注意的是，随着年龄的增加，城镇患者所消费的医保支付金额和个人支出金额均相对农村患者增加了。因此，农村医保基金保障不足以及农村收入水平低，都成为制约农村居民医疗服务获得的因素。

表 5-3　城镇变量在各模型中的回归系数(分年龄)

<table>
<tr><th colspan="3">因变量(对数)</th><th>全部</th><th>65~70 岁</th><th>70~80 岁</th><th>80 岁以上</th></tr>
<tr><td rowspan="3">(1)</td><td rowspan="3">实际报销额</td><td>系数</td><td>0.481***
(0.009)</td><td>0.456***
(0.014)</td><td>0.474***
(0.012)</td><td>0.558***
(0.022)</td></tr>
<tr><td>观测值数量</td><td>116508</td><td>35209</td><td>56179</td><td>25120</td></tr>
<tr><td>R^2</td><td>0.578</td><td>0.583</td><td>0.579</td><td>0.584</td></tr>
<tr><td rowspan="3">(2)</td><td rowspan="3">个人自付额</td><td>系数</td><td>-0.398***
(0.008)</td><td>-0.429***
(0.014)</td><td>-0.401***
(0.011)</td><td>-0.321***
(0.021)</td></tr>
<tr><td>观测值数量</td><td>116521</td><td>35213</td><td>56186</td><td>25122</td></tr>
<tr><td>R^2</td><td>0.713</td><td>0.733</td><td>0.715</td><td>0.693</td></tr>
<tr><td rowspan="3">(3)</td><td rowspan="3">范围外费用</td><td>系数</td><td>0.591***
(0.012)</td><td>0.549***
(0.022)</td><td>0.584***
(0.017)</td><td>0.693***
(0.031)</td></tr>
<tr><td>观测值数量</td><td>115087</td><td>34693</td><td>55527</td><td>24867</td></tr>
<tr><td>R^2</td><td>0.699</td><td>0.710</td><td>0.703</td><td>0.686</td></tr>
</table>

注：① 每组回归模型中均控制医院级别、地区固定效应、疾病固定效应、医院固定效应，使用全样本回归的模型还控制年龄、年龄平方；② 括号内为稳健标准误，*、** 和 *** 分别代表在 10%、5%和 1%的水平上显著。

三、城乡医疗服务利用的可及性差别

对医疗服务利用的考察除了费用角度之外，还有一个角度是医疗服务的可及性。这一部分我们从两个方面来观察这一问题。首先，延续前文对住院的讨论，关注住院医疗机构选择中的可及性差异。其次，将门诊服务也纳入考量，关注整体医疗服务的可及性，我们将以两类典型慢性病高血压和糖尿病为例来比较。

（一）住院医疗服务可及性

我国实行医院分级制度，理论上，不同等级的医院代表不同的功能。其中一级医院是直接向一定人口的社区提供预防、医疗、保健、康复服务的基层医院、卫生院；二级医院是向多个社区提供综合医疗卫生服务和承担一定教学、科研任务的地区性医院；三级医院是向几个地区提供高水平专科性医疗卫生服务和执行高等教学、科研任务的区域性以上的医院。然而，公立医院内部实行行政管理，导致优质医疗资源向上聚集，最终使得医疗等级在很大程度上成为医疗质量的代表，高等级医院意味着更高的医疗质量。因此，就诊医疗机构级别选择的不同，也显示了医疗服务利用中的差别。

表 5-4 展示了城乡患者在住院医疗机构选择上的差异。可以看到，城镇患者的就诊等级明显高于农村患者。城镇患者进入三级医院的比例接近 60%，农村患者只有 8%，差异巨大；城镇患者在一级医院住院的比重不足 4%，但农村患者的同一比重为 49%，是住院占比最高的医院层级。由此可见，城乡患者在享有的医疗质量方面存在很大差别。

这种差别主要来自两个原因。一方面，根据医院分级管理办法，医院的设置和分级由卫生行政部门和地方政府按照“区域卫生规划”统一

表 5-4　城镇与农村患者住院的医疗机构分布

项目			全部	65~70 岁	70~80 岁	80 岁以上
(1)	城镇	一级医院	1623	611	787	225
		(比重)	3.67%	4.78%	3.56%	2.40%
		二级医院	16246	4555	8107	3584
		(比重)	36.70%	35.64%	36.70%	38.16%
		三级医院	26395	7615	13196	5584
		(比重)	59.63%	59.58%	59.74%	59.45%
		观测值数量	44264	12781	22090	9393
(2)	农村	一级医院	35095	11427	16551	7117
		(比重)	48.46%	50.84%	48.42%	45.16%
		二级医院	31623	9101	14865	7657
		(比重)	43.67%	40.49%	43.49%	48.59%
		三级医院	5696	1948	2764	984
		(比重)	7.87%	8.67%	8.09%	6.24%
		观测值数量	72414	22476	34180	15758

划定，其中三级医院一般只设在市级，也就是位于市辖区内。这意味着尽管城镇居民可以方便地就近进入三级医院，农村居民若要获得更好的医疗质量，则必须跨县就医，付出较高的时间和金钱成本。因此地处县内的一级和二级医院就成为农村患者在质量和便捷权衡下的更优选择。另一方面，更重要的是，在描述统计和基本回归部分我们已经看到，医院级别对于医疗费用的影响明显，高等级医院的平均医疗花费显著高于低等级医院。因此支付能力不足成为导致农村患者偏向低等级医院就医的另一个因素。

就诊选择随年龄升高的变动趋势也展现出城乡差别。从表 5-4 可以看到，65~80岁城镇患者在各等级医疗机构之间的就诊选择几乎保持稳定；而对于农村患者来说，随着年龄升高呈现出就医向二级医院集中的趋势。高龄农村老人更倾向于进入属于二级医院的县医院，而不追求三级医院更高的医疗质量或者一级医院通常提供的非紧急的医疗护理。

（二）整体医疗服务可及性：慢性病管理

住院是疾病治疗的一种重要手段，而全周期健康服务还包括疾病的预防，其中以慢性病预防最为典型。高血压和糖尿病是两类患病人群大、并发症住院费用高的典型慢性病，对这两类疾病的健康管理虽然包含在国家基本公共卫生服务项目中，但其能够提供的实际帮助有限，因此部分发达地区在医保支付中单列了门诊慢性病项目提供额外保障。在样本城市中，城镇医保包含此类项目，但农村医保没有。我们可以通过比较城镇患者对住院和慢性病门诊管理的资源使用情况，来获得对城乡整体医疗服务利用差异的认识。

我们在住院数据和门诊管理数据中，取出疾病名称中含有“高血压”或者“糖尿病”的观测值，将多次出现的同一人并为一条，统计使用住院或门诊管理资源的人数。结果见表5-5。可以看到，在住院资源的使用方面，农村和城镇相差不大，考虑到在参保人数上样本城市中农村参保人与城镇参保人的比约为4∶3，因此二者参与住院的比例大致相当。然而，城镇患者由于还可以参加门诊慢性病管理，其获得医疗保障的覆盖范围大大超过农村患者。表5-5显示，城镇高血压门诊管理的参与人数为62700人，为同病住院人数的10倍；糖尿病门诊管理的参与人数98321人，为同病住院人数的20倍。由此可见，在整体医疗服务可及性方面，城镇还是大幅高于农村。我们进一步观察了门诊慢性病计划的参与人在全年龄段上的分布。由图5-1和图5-2可以看到，

60~80岁是主要的参与群体。因此，整体医疗服务可及性上的城乡差异在老年人群中表现得更加强烈。

表 5-5 慢性病患者住院与参加门诊管理计划的人数对比

项目	高血压	糖尿病
农村住院人数(人)	7229	3791
城镇住院人数(人)	6237	4509
城镇门诊慢性病参与人数(人)	62700	98321

注：按人数而不是人次统计。

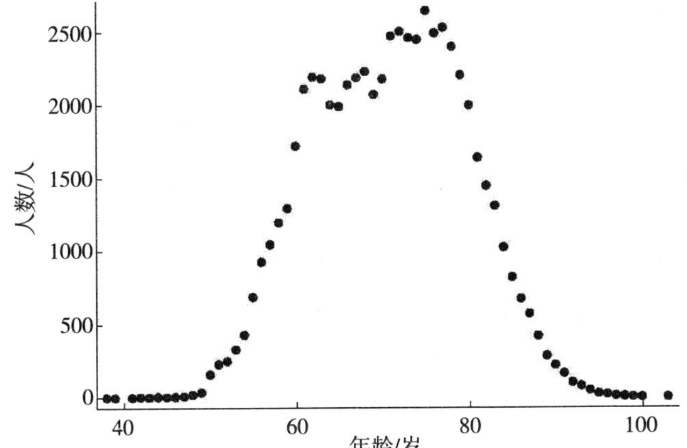

图 5-1 城镇高血压管理参与人的年龄分布

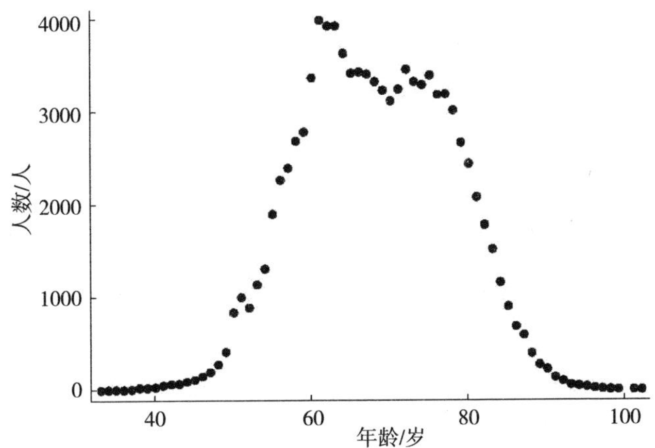

图 5-2 城镇糖尿病管理参与人的年龄分布

四、小结

本节使用样本城市 2012 年医保明细数据，从医疗费用和就医可及性两个角度，考察了城乡老年患者在医疗服务利用上的差别。分析结果表明，对于来自相同地区、患相同疾病并在相同医院住院的城乡患者，城镇患者支付的医疗费用平均高于农村患者 15.9%，这一差距随着年龄的升高而扩大；城镇患者的医保报销费用更多，个人自费金额更多，这一特征也随患者年龄的增加更为显著。同时，城镇患者更倾向于去往高等级医院，并且能够获得覆盖更长生命周期的健康管理。

本节的结果有以下启示：

第一，加强农村地区老年人群的社会医疗保障水平。中国正处在老龄化快速发展阶段，“未富先老”意味着老年人群难以获得足够的医疗资金保障，这在城镇地区或许并不凸显，但在经济资源本就有限的农村地区将首先成为问题。本书的结果提示，老年患者随着年龄增加，对医保基金的依赖更强。当前的城乡居民医保“两保合一”在提升农村保障水平上迈出了重要一步，对于农村地区的社会医疗保障建设意义重大。未来还需在此基础上继续完善，从制度上确保农村地区老人能够老有所医。

第二，缩小城乡收入差距，提高农村收入水平。医疗是一项基本生活需求，而本节的结果显示，随着年龄增加城镇老人花费的自费医疗金额越发超过农村老人，显示了农村患者自身支付医疗需求的能力远不及城市患者。因此推进城乡收入平等，也是促进城乡医疗服务利用均等不可缺少的一部分。

第三，推进公立医院改革，提高农村地区医疗服务水平。本节对医疗可及性的分析显示，城镇患者主要去往三级医院，而农村患者主要去往一级和二级医院。这意味着需要持续推进公立医院特别是县级公立医院改革，加强农村地区医疗队伍建设，才能帮助农村患者享有与城镇患者相同质量的医疗服务。新医改之后，我国在加强农村医疗设施建设上取得了长足进步，但普遍存在重硬件轻软件的现象，导致农村地区医疗队伍质量始终不高。解决这一问题，一方面需要培养立足当地的医疗人才，在人才培养上给予政策倾斜；另一方面需要引入新技术如远程医疗技术，将城镇医疗资源引入农村，进而促进城乡在医疗资源质量上的均等。

第四，加强农村地区健康管理，发展适合农村地区的慢性病管理模式。本节对医疗可及性的分析显示，城镇地区的慢性病管理极大地扩展了医疗服务的受益范围，是产生城乡医疗服务利用差距的一个原因。“健康中国”意味着全周期的健康管理，然而农村地区的现实条件，如地广人稀、村落分割、交通时间长，使得在农村地区进行健康管理难以形成规模经济，其人均成本大大高于城镇地区。因此，延续城镇地区的模式在农村地区推行健康管理势必难以进行，需要进行创新。例如，开展面向低龄老人的医疗培训，在扩大医疗知识的同时推广低龄老人协助高龄老人进行健康管理的互助管理模式，可能是一种选择。此外现代化技术的引入，如可穿戴医疗设备的普及，也是具有可实现性的理想方案。

第二节 “穷帮富”问题

医疗保险采用保险化的组织形式，使用面向全体人群收取的保费来救助个别医疗需求者。高收入者由于保健意识强、靠近医疗设施便捷，往往对医疗资源的使用更多；而低收入者就医不便，反而使用较少。这就可能造成在高收入者和低收入者共同缴费形成的基金大盘子里，高收入者反而使用了低收入者缴纳的保费，即出现“穷帮富”现象。这一现象在各类医疗保险中均存在，在社会医疗保险中也有所体现。

“两保合一”等医保政策调整，其目的在于提高农村居民的医疗保障水平，缩小城乡差距。但“穷帮富”现象的存在使得农村居民能够获得的实际保障提升幅度存在不确定性。因此，需要针对农村居民获得收益的程度和途径进行评估，厘清政策的传导机制，来为下一步的政策制定奠定基础。这是本节试图研究的问题。

在这一节中，我们以样本城市开展“两保合一”前后远郊农村居民对医疗资源的使用变化作为分析对象，通过与全市情况进行比较，考察农村居民待遇提升的实际程度，以及“穷帮富”问题可能发生的渠道。在本节接下来的部分，我们首先分析“两保合一”在政策设计上面向农村居民的待遇释放点，继而通过统计方法进行具体待遇变化的考察。

一、“两保合一”对农村居民的待遇释放

“两保合一”意在提升农村居民的医保待遇水平，实现城乡均等。按照2016年国务院《关于整合城乡居民基本医疗保险制度的意见》要求，整合的具体目标是“六统一”，即“统一覆盖范围、统一筹资政策、统一保障待遇、统一医保目录、统一定点管理、统一基金管理”。其中，与城镇居民“统一保障待遇、统一医保目录、统一定点管理”，构成了面向农村居民的主要待遇释放点。

（一）保障待遇

从第二章第三节表2-8可以看到，对于自发整合城市，“两保合

一”前新农合的二级医院住院报销比例相比城镇居民医保低约5个百分点。三级医院报销比例的差距更大。49个自发整合城市中新农合三级医院住院报销比例至少低于城镇居民医保10个百分点，部分地区可达20个百分点。考虑到自发整合城市能够先行整合的部分原因就在于原有政策差距小，因此从全部城市总体来看这一差距可能更大。三级医院待遇相差悬殊的原因在于原新农合实行县级统筹，而按照区域卫生规划的设定，三级医院均属市级，一般位于市区。这就意味着新农合患者去往三级医院属于跨统筹区就医，区外就医的报销比例一般显著低于区内。因此“统一保障待遇”意味着农村患者去往高等级医院就医的补偿水平可以向城镇居民拉近，有利于降低患者个人医疗负担。

（二）医保目录

医保目录的调整不易被参保人察觉，但在“两保合一”中，统一目录所产生的影响甚至可能超过报销比例提高。这是因为原新农合的目录范围与城镇居民医保相比，在多数地区相差较大。以药品目录为例，山东省原新农合目录含药品1127种，而整合后统一使用城镇居民医保目录，含药品2387种，报销品类扩大逾一倍；广东省原新农合目录含药品1083种，而整合后统一使用城镇居民医保目录，含药品2875种，也扩大逾一倍。目录差异随地区不同而有所不同，但总体来看，普遍存在整合后原新农合目录大幅扩张的情况，这就提高了农村参保人的实际补偿水平。目录扩张的隐性影响也抵消了一些由整合造成的表面冲击。例如，部分地区新农合对基层医疗机构住院提供比城镇居民医保更高的报销比例，在整合后面向这一等级机构的报销比例有所降低。但考虑到目录扩张的影响，实际补偿水平反而可能是上升的。

（三）定点范围

“统一定点范围”的最大作用是将原先位于新农合统筹区之外的城

市三级医院纳入新的统筹区内，农民去往三级医院不再属于跨统筹区就医。跨区就医带来的不仅是报销比例的损失，还有其他就医成本。例如，跨区就医往往不能直接结算，需要农民先自行垫付资金，再回统筹区报销。这对于疾病资金需求量大尤其是重大疾病患者是不小的负担，使其可能出于资金压力放弃入城治疗。对于一般患者，跨区就医也面临需要转诊审批的手续问题，由此产生时间成本等损失。因此在扩大定点范围之后，农村居民去往高等级医院就医的成本大幅降低，进城就医的需求将会释放。

总体来看，“两保合一”应该会带来去往三级医院的农村患者数量增加、就医补偿比提高、重大疾病保障改善的效果。下一部分我们就以样本城市的实际情况为例，考察这些方面实际发生作用的程度，并且探究“穷帮富”问题是否存在。

二、整合前后农村居民医疗服务使用变化情况

（一）样本城市“两保合一”概况

样本城市在2016年前完成整合，属于自发整合城市。其原城镇居民医保实行市级统筹，新农合实行县级统筹，整合后统一提升为市级统筹，划归人社部门管理。在筹资待遇模式方面，整合后的城乡居民医保实行两档设计。其中，一档基本对应于原城镇居民医保的筹资待遇水平，高缴费同时高待遇；二档基本对应于原新农合水平，低缴费同时低待遇。按照规定，原城镇居民医保参保人必须选择一档，原新农合参保人可以选择二档。因此与整合前相比，城镇居民医保参保人的待遇水平基本保持稳定，而新农合参保人的待遇如上一部分所述有所提高。此外，农村参保人待遇提高还有以下两个途径：一是患有重病的农村参保人现在可以选择加入保障水平更高的一档，获得更高补偿；二是

整合前新农合分为 8 个统筹区，政策参差不齐，新的二档在保障水平设定上取了这些政策的上包络线，因此较之前各区的总体水平有所提升。

在整合前的全部 8 个新农合统筹区中，有 4 个统筹区(3 个区县)在整合后被统一划入了居民一档。这些地区临近市区，属于近郊，农民的城镇化程度较高。剩下的 4 个远郊区县仍维持原先水平，参加居民二档。由于城镇居民群体的待遇水平在整合前后保持不变，因此就医需求的释放主要产生于这两组农民群体；其中，近郊农民和远郊农民的医疗需求释放程度如果有差异，就可能引发农民群体内部，特别是从远郊到近郊的“穷帮富”问题。

我们将远郊农民群体作为主要考察对象。通过将远郊地区整合后居民二档患者所实现的待遇水平，与整合前该地区新农合患者所实现的待遇水平进行比较，来获得这一群体就医待遇的变化。近郊区县无法分离出农民群体进行类似分析，这是因为整合前的新农合参保人已经在整合后和这些区县中原有的城镇居民医保参保人混同在了一起，无法识别。因此我们不再单列近郊的变化，而是将其归入全市居民，将全市居民待遇在整合前后的变化与远郊农民群体进行比较，来考察是否存在“穷帮富”现象。

在远郊 4 个统筹区中，有 1 个县存在数据缺失，因此我们下文对于远郊农民群体的分析只基于剩下的 3 个区县(以下简称“三县”)。

(二) 就医级别分布变化与费用变化

图 5-3 显示了整合前后三县农村居民住院人次在不同医院级别的分布变化。整合前使用新农合数据，整合后使用居民二档数据。可以看到，整合后农村居民在一级医院的住院人次迅速减少，在二级医院

和三级医院的住院人次保持了较高的增长势头。整合当年，二级医院住院人次相比整合前增加了 6.36%，三级医院住院人次相比整合前增加了 31.50%。这表明整合提高了农村居民对高质量医疗资源的使用。

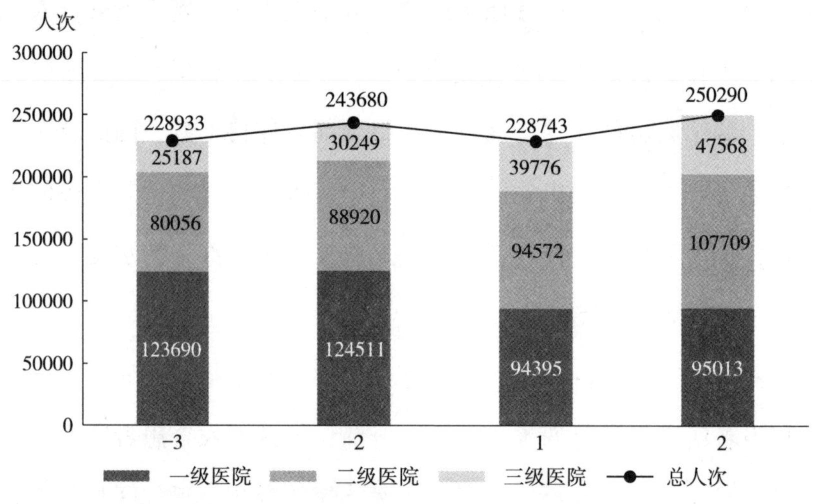

注：1为整合当年，2为整合后第二年，-2为整合前第二年，-3为整合前第三年。

图 5-3　三县整合前后农村居民住院人次及其级别分布变化

不过，与图 5-4 所显示的全市居民整体变化情况相比，尽管整合后三县农村居民去往二级医院的增幅略高于全市总体水平 3.95%，但三级医院住院增幅远低于全市总体水平 77.34%。全市居民三级医院就医之所以有这样大幅度的提高，可能来自近郊区县农民的待遇释放，因为其从新农合直接跨入居民一档，待遇提升更大。这就暗示，近郊农村居民相比远郊农村居民可能是城乡整合中更大的受益群体。这里还需要说明的是，由于远郊农村居民有是否加入一档的选择权，因此已经患病特别是重病的农村患者，很可能会（在来年）选择加入居民一档。这对于农村患者来说是待遇的提高，但不能被我们的分析所识别。因此我们的结果会低估“两保合一”为农村居民带来的收益。

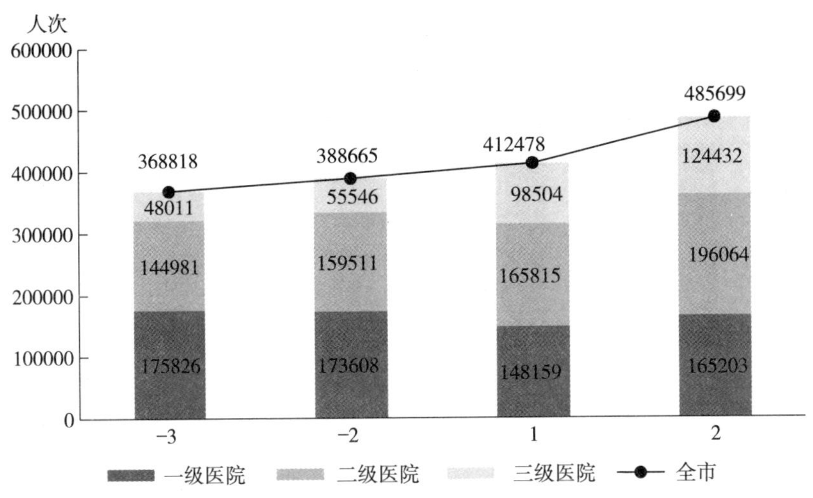

注：1为整合当年，2为整合后第二年，-2为整合前第二年，-3为整合前第三年。

图 5-4　全市整合前后居民住院人次及其级别分布变化

从费用角度来看，图 5-5 与图 5-6 展示了三县农村居民与全市居民的对比情况。可以看到，三县农村居民在二级医院就医的费用小于全市平均水平，但在三级医院就医的费用高于全市平均水平。从补偿比来看，整合后三县农村患者的范围内补偿比、实际补偿比在各等级医院基本保持稳定，没有特别明显的上升；特别是与图 5-6 的全市情况相比，三县农村患者的实际补偿比并没有像全市总体那样有所提高。在绝对水平方面，三县农村患者在二级医院和三级医院住院的实际补偿比甚至略低于全市总体水平。这可能是由于远郊农村患者的就诊率仍处于较低的水平，多是在出现重病或者需要手术的情况下才去往高等级医院。而这些情况下使用目录外药品的比重较大，因此目录调整所产生的影响不明显。这也从侧面暗示，近郊农村居民可能在整合后增加了轻病的住院需求，其通过整合获得的收益可能大于远郊农民。

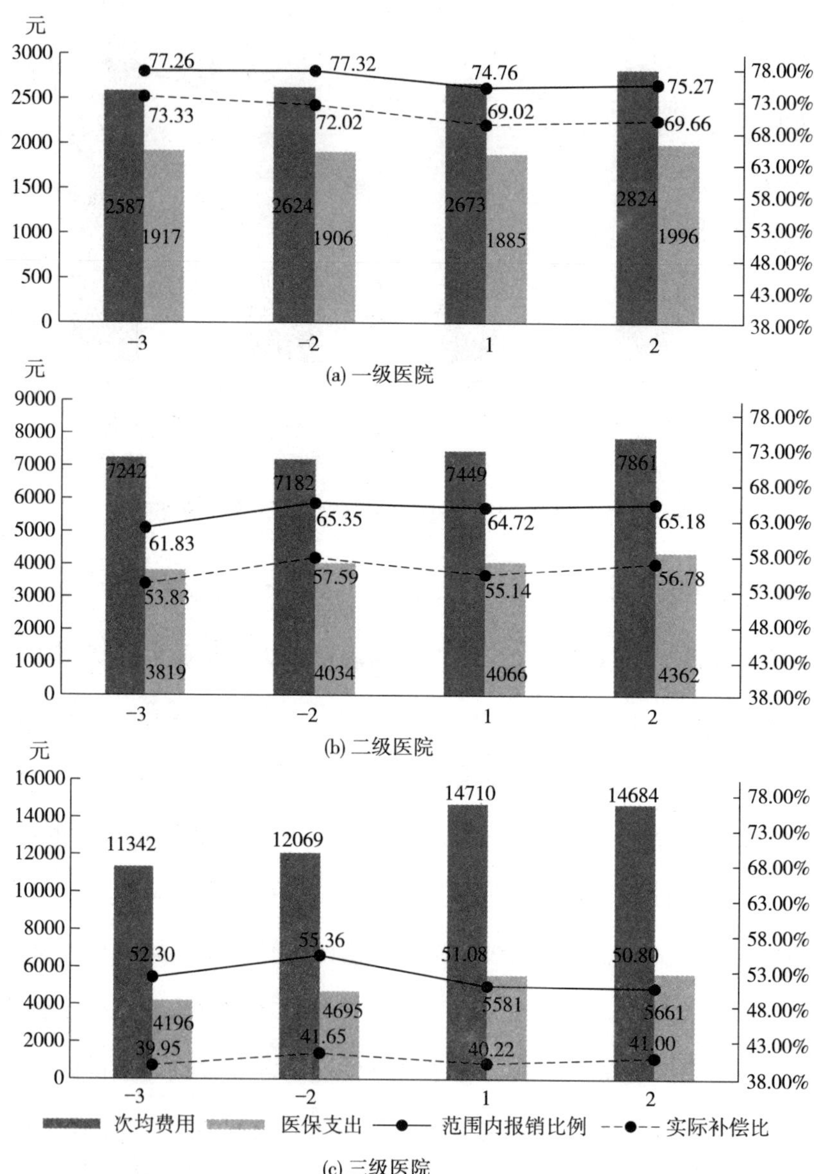

注：① 1为整合当年，2为整合后第二年，−2为整合前第二年，−3为整合前第三年；
② 次均费用和医保支出的单位为元，范围内报销比例和实际补偿比的单位为百分点。

图 5−5　三县农村居民患者住院费用情况变化（按医院级别）

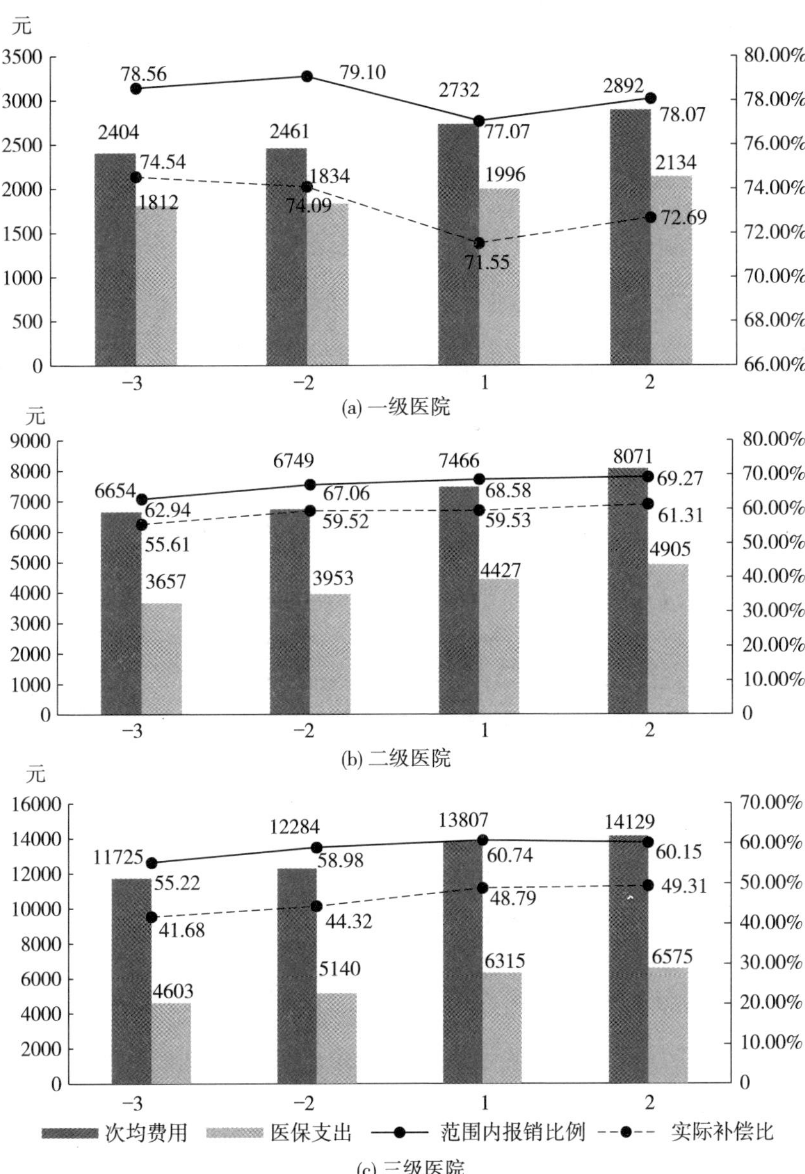

注：① 1为整合当年，2为整合后第二年，-2为整合前第二年，-3为整合前第三年；② 次均费用和医保支出的单位为元，范围内报销比例和实际补偿比的单位为百分点。

图 5-6 全市居民患者住院费用情况变化（按医院级别）

（三）对三甲医院医疗资源的使用

三甲医院意味着市内最好的医疗资源。单独提取市内三甲综合医院①进行观察，图5-7考察这些医院中来自三县的患者人次变化。可以看到，三县农村患者在这些医院的住院人次在整合之后都有提高。图5-8进一步显示了三县农村患者使用的医保支出费用占比。可以看到，在全市支付给三甲综合医院的居民医保统筹金中，分配给三县农村患者的比重在不断提高。因此，远郊农民群体在三甲医院就医中有较大受益，表明其大病的保障水平获得了提高。

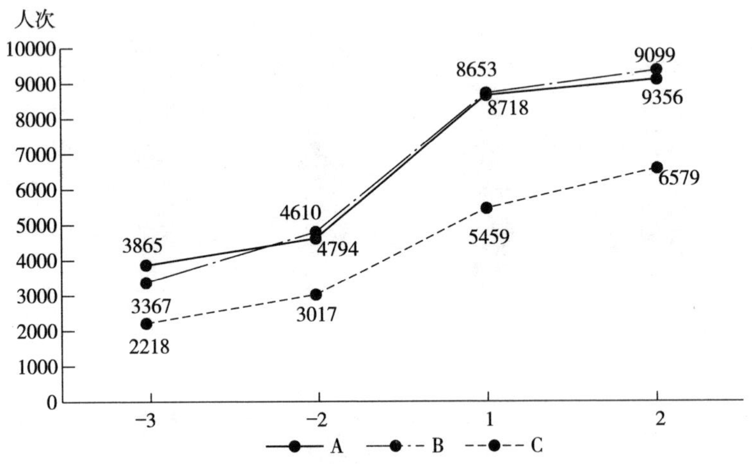

图5-7　三县农村居民患者在三甲综合医院住院人次变化

从上面的分析可以看到，远郊农村居民在高等级医院的就医费用虽然没有大的变动，但在三甲综合医院中的就诊人次和医保统筹金支付总额中的占比的确有所增加。这显示，对这一群体的大病保障有所提高。因此农民群体的确从“两保合一”中获得了收益。不过与全市结果相比，整合所带来的医保基金总支出增加可能有更多部分投入到

① 根据国家卫计委“中国医院等级查询”网站查询。

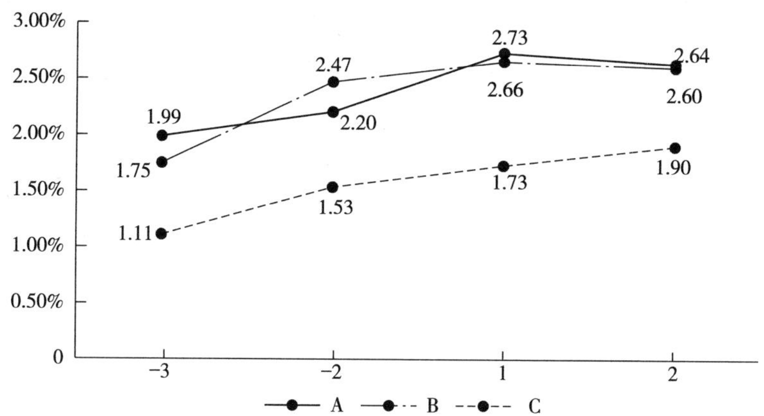

图 5-8　三县农村居民患者占三甲综合医院居民医保基金结算份额变化

了近郊农民就医的增加，而这种增加并非重大疾病，因而可能包含非必要住院的成分。这表明，在农村居民内部，远郊农民补贴近郊农民的“穷帮富”现象可能存在。不过需要提示的是，本书的分析只是基于一个市的统计结果，对这一问题的深入研究有赖更多城市数据的支持。

— 本章参考文献 —

[1] 封进,余央央,楼平易.医疗需求与中国医疗费用增长——基于城乡老年医疗支出差异的视角[J].中国社会科学,2015(3):85-103+207.

[2] 高梦滔,姚洋.性别、生命周期与家庭内部健康投资——中国农户就诊的经验证据[J].经济研究,2004(7):115-125.

[3] 阎竣,陈玉萍.农村老年人多占用医疗资源了吗?——农村医疗费用年龄分布的政策含义[J].管理世界,2010(5):91-95.

[4] 郜凯华,钱军程,张拓红.中国老年人医疗服务需要和利用——基于1998—2008年的国家卫生服务调查数据[J].中国卫生政策研究,2014,7(6):47-52.

第六章　政府购买服务与经办机制转变

第一节　引入政府购买服务的必要性

由政府建立的社会医疗保障制度，其核心特征在于使用政府强制力，将所有人纳入统一的社会保险体系中。强制所有人参保，可以避免参保人有病参保、无病退保的逆向选择，更广泛地分散风险，使每个人都负担得起参加保险的费用；以强制力建立独立统一的保险体系，可以杜绝商业保险机构体健者接受、体弱者拒绝的“刮奶油”行为，使全民都能获得医疗保障覆盖。由此可见，社会医疗保险的本质在于确保医疗服务对于每一个公民的可得性与可及性，这一目标的达成与具体的保障提供方式并无直接关联。

然而在实践中，由于依托政府强制力主导，社会保险提供通常由行政化管理的政府经办机构承担。从国际经验来看，单纯依赖政府经办可能带来一些问题，例如制约了参保人选择医保机构的权利，消除了经办机构的竞争导致医保服务质量难以提高，行政化管理限制了经办资源投入从而造成经办能力发展滞后等。因此，20 世纪 90 年代以来，美国、德国、荷兰、瑞士、以色列等国都尝试转向由第三方提供服务的经办模式，即在保持社会保险基本性质的前提下，通过一定方式，授权或委托独立的第三方机构承办部分或全部医疗保险经办服务。

就我国而言，一方面，经济社会的快速发展使政府直接经办模式本身暴露出一些弊端；另一方面，政府直接经办在一定程度上也是计划经济体制的产物——在商业市场没有建立的情况下由政府替代商业保险机构主导保险活动——而随着市场建设的不断深入，“政府退，市场进”已成为明确的发展目标。2013 年 9 月国务院办公厅《关于政府向社会力量购买服务的指导意见》、2013 年 9 月《国务院关于促进健康服务业发展的若干意见》、2014 年 8 月《国务院关于加快发展现代保险服务业的若干意见》以及 2014 年 8 月 27 日部署加快发展商业健康保险的国务院常务会议等，都重申要在社会保险领域加大政府购买服务力度，支持和鼓励商业保险机构参与各类医疗保险经办服务。由此可见，调整现有医疗保险的经办管理模式，开展政府购买服务，已经成为医疗保险领域改革的一个重要问题。

在医疗保险领域开展政府购买服务，有其必要性和紧迫性，具体表现在以下几个方面。

一、医保基金控费的需要

近年来，医保基金支出呈过快增长趋势。以城镇职工基本医保基金为例，2008 年以来，全国城镇职工基本医保基金支出年增长率基本都在 20%以上。[①] 医保支出的增长远高于人均收入的提高和医保筹资水平的增加，从而带来对基金可持续性的担忧；2017 年，全国逾百个城镇职工医保和居民医保统筹区出现当年赤字，部分地区还出现了累计结余

① 数据来源：历年《中国卫生统计年鉴》。

的穿底。[①] 推行有效的控费手段，采取适当方式抑制医疗浪费，成为医保管理部门迫切需要面对的问题。

而由政府部门直接经办的管理方式，在推行控费举措上有着天然的弱点。

第一，对于原新农合的管理者——卫生部门来说，由于医保基金和医疗机构统属自己管辖，因此其自身利益最大化的考量并不是最优化地使用医保基金，而是将基金的使用与医疗机构的发展通盘考虑，以求达到两者整体最优的效果。在这种情况下，很容易出现放量医保基金补充医疗机构人员或建设，或者对未能严格使用医保资金的医疗机构瞒而不报、知而不罚的情况。尽管这些行为提高了卫生部门整体的收益和声誉，但单从医保基金的角度来看，造成了基金使用效率的降低，实际控费措施难以落到实处。

从这方面来说，职工医保和原城镇居民医保的管理者——人社部门较卫生部门更具有优势。作为独立于医疗服务提供商及使用者的第三方，人社部门具备从基金最优的角度进行管理的出发点；但这在实际运行中仍面临困难。首先，在公立医院行政化的体制下，医疗机构与人社部门一样具有级别，并且一些高等级医院的级别很可能高于当地的人社部门，这使得人社部门在利用控费手段对医疗机构施加引导上增加了难度。其次，同在行政体制内部，人社部门无论在控费推行还是违规处罚上都不可避免地面临体制纠葛和人情困扰，难以完全实现基金效率。

而作为独立的第三方，社会机构或商业保险经办机构能够完全站在基金角度实施管理。第三方经办机构的引入可以割裂行政体制内部的利

① 统计来自中国劳动和社会保障科学研究院。

益纠缠，集中于优化使用的单一目标。在与医疗机构之间的交往中，能够更公正地处置费用审核和违规处罚等现实问题，避免权力干扰。

第二，依托第三方优势，有助于强化上下两极医疗机构管控，解决目前的控费难点。

在现有基金的使用中，两部分的费用增长较为突出。一是三甲医院或当地龙头医院。三甲医院的医疗水平在当地处于垄断地位；对于北京这样的医疗资源集中地来说，龙头医院的技术水平甚至在相当大的地域乃至全国无可取代，这就造成了这些医院作为医疗服务提供者相对需方医保的谈判势力。同时，这些医院收治的患者中有相当比例来自外地，也使得医院对当地医保资金的依赖程度降低。这两个原因使得目前地区医保对三甲医院普遍缺乏有效的管控手段。第三方经办的推广有助于消除地方医保的这一局限。社会机构具有跨行政地区组织经营的优势。例如，商业保险机构能够发展覆盖全国的业务，使得其可以在更大范围内集聚需方规模。在这种情况下，即使三甲医院可以轻视当地的医保资金，却不得不重视第三方经办机构所提出的要求，因为一个第三方机构可能同时经办多个地区的医保业务，从而代表了数量广大的需求群体，其总体在医院业务中所占比重将远超当地医保规模。因此，引入社会经办有助于增加需方势力，加强对上层医疗机构的管控。这在当前卫生部门推广医联体、供方势力进一步加强的情况下，可能更为必要。

医疗费用增长的第二极在基层医疗机构。基层医疗机构数量多，分散广；特别是在农村地区，农民群体往往组织性低、互助共济意识弱，使用正规的组织和管理体系反而事倍功半，这些都增加了管控难度。卫生部门通过行政手段进行直接干预尚且效果不佳，而对于那些将城镇居民保险和新农合合二为一后并入人社部门管理的地方来说，由于人社往往只设市县两级机构，对于基层医疗机构的管理更加缺乏经验，对于基层医疗费用的控制更加难以把握。在这种情况下，引入社会经办参与不失为一种解决办法。以商业保险机构为例，商保在近年来深入农村的发展过程中，已经通过建立和推广各类其他保险产品，积累了一些与农村、农民进行交往的经验。因此在参与医保经办的过程中，现行的商业保险网络能够直接弥补社保管理部门的触角不足，强化基层医疗机构的覆盖；商保的经验积累能够帮助实施对基层医疗机构的有效约束。

二、提高医保服务质量的需要

在政府经办的管理体制下，政府部门不仅是社会医疗保险的行政主管者——裁判员，还承担着保险的具体业务工作——运动员，因而对于自身服务缺乏有效的外部监督。同时，一个区域内只有一家社保经办机构，并且其垄断地位不会随时间而改变，这虽然能够保证医保信息的完整性、标识和规程的统一性，但也使社保经办机构不会面临其他机构在业务上的竞争，从而缺乏提高质量的内部激励。因此，政府经办模式可能造成医保服务质量低下。

表现在：在直接面向参保人的服务上，可能产生“官本位”思想，报销手续烦琐、报销过程拖沓，或在报销过程中偏向于某些人群而不能公平地对待所有参保人。在保障服务的提供中，不能善用社会保险的需方势力进行谈判，在药品耗材等价格的控制上缺乏有效措施，在造成基金浪费的同时，间接导致参保人支出增加。在医保服务的设计上，对于新技术、新业态的引进缺乏敏感性，难以在目录范围、医保项目和报销待遇的调整上及时反映医疗技术的发展和参保人的需求。因此尽管近年来医保支付逐年增加，但医保满意度并没有获得明显提高。

在医疗保险领域实行管办分开、在医保经办中引入第三方参与，成为解决上述问题的必要举措。第三方之间的竞争能够激励承办机构服务质量的改进，也有助于带动增值服务的引入，扩大参保人获得的服务范围。政府机构专注于“裁判员”工作，转而发挥监督职能，可以敦促第三方良性竞争的展开。

从更广阔的视角来看，政府机构脱离“运动员”的转型也是大社会保障体系健康发展的必要条件。2014 年 8 月《国务院关于加快发展现代保险服务业的若干意见》指出，“把商业保险建成社会保障体系的重要支柱”。然而在传统体制下，政府难以将附属自身的社保机构与商保机构一视同仁，可能存在社保挤占商保空间的做法。典型地，在非基本医疗应该涉及的范围，社保介入过深且不愿放手。例如中产阶级及以上人群的医疗，其实不需要政府过多干预，甚至可以完全交给市场；而目前恰恰是这部分人享受着严重偏高的基本医疗保险待遇。公务员、国有事业单位员工以及垄断性国企职工，这部分人群具有超越基本层次的医疗需求，并可能获得单位和所在工会提供的进一步费用报销，但目前也被完全纳入城镇职工基本医疗保险的覆盖范围内。这就限制了商业保险的发展空间。将社保经办从政府体系中分割出来，有利于为商保机构等第三方创造参与社会保障体系建设的公平市场环境。通过社会保障体系的建立健全，优化社保资源配置，实现参保人保障质量的整体提升。

三、适应医保向高级阶段演进的需要

近年来，经济社会的快速发展和城市规模的不断扩张，为医保管理带来了新问题。集中表现在：一是人口老龄化趋势加强，并呈迅速扩张态势。老龄人口比重增加改变了原有基金收支平衡，迫使医保管理部门在制度设计上不得不加快步伐，通过推动基金精细化管理、建立长期护理等服务项目的方式来降低住院需求，缓解基金压力。二是人口流动性增强，凸显医保基金异地结算等问题。一方面，现有社会医保统筹层次较低，在相当程度上造成了区域外就医比重的攀升；另一方面，对于流动人口聚集城市而言，参保人异地医疗发生的范围较广，比例相对较高。这就要求医保在业务流程上，配备与流动人口就医相适应的服务能力。三是社会医疗保险逐渐向着发挥健康管理功能的更前端迈进。从各国的医疗保险发展过程来看，医疗保险的发展往往伴随着参保人因为获得保障而不在意自身健康、身体状况反而恶化、医疗费上涨更猛的现象。为了达到能够让参保人少生病、不生病的最终目的，医保服务范围还要向着医疗行为的前端进一步延伸，参与参保人的健康和慢性病管理。目前，我国一些发达城市也开始逐步向这一阶段过渡，这意味着医保服务项目的增加。

面对这些新趋势，政府经办模式显得难以支撑。一方面，身处严格的行政体制，经办人员编制的增加和相应经费的配备受到诸多来自法规和其他部门的限制，能够扩大人手和资金的空间十分有限。为了解决这一问题，多数地区采用了聘用临时人员参与经办的做法，但普遍反映出临时人员专业水平参差不齐、待遇低、流动性强的问题，给社保经办工作带来不利影响。另一方面，地区与地区社保按行政体系条块分割，不同城市间缺乏统一的规则，无法跨地区受理经办管理业务，这使得异地医疗审核面临较高的成本。

相比之下，社会力量经办能够更好地适应医保自身发展的需要。引入社会机构可以迅速解决政府机构经办人手不足的问题。社会机构能够组织招募专职队伍，并且在范围经济内共享其他保险业务的经办人员。这使得其能根据医保服务的不断变化进行灵活调配。这也是在医保领域实施政府购买服务最为立竿见影的好处之一。

社会力量的引入也有助于提高经办的专业化水平。这在欠发达地区显而易见，在发达地区也表现明显。在欠发达地区，政府经办机构特别是人社部门，往往缺乏具有医学知识的专业经办人员，因而在与医疗机构的交往谈判中处于被动，管控措施难以深入；而从医疗机构借调专家往往面临体制阻隔。社会机构可以通过雇用专业人员迅速弥补这一缺陷。而对于发达地区而言，社保经办人员与其他商保专业人员的业务素质已相差不大，但商保等社会力量的介入仍能够通过提高经办的规范性和标准化程度从而提高专业化水平。以信息系统的建设为例，在商保参与经办的洛阳原新农合中，所录入患者病种中的中文名称与 ICD-10 国际疾病分类编码的不匹配数量仅为 2 万左右，这在其他地区极为鲜见。社会机构能够引入企业化的运作流程，更适应大数据时代标准化管理方式的发展。

社会力量经办的另一个重要优势体现在组织。

第一，与人社或卫生部门隶属各级政府不同，社会机构自然实现了不同行政区域的垂直管理，例如商保中总公司与子公司的企业化运营，或社团、行业协会中中央机构与地方机构的隶属关系。这就规避了政府部门垂直整合可能带来的人员编制调整和财政经费分担等难题，自动实现了管理一体化。特别对于一些预期提高医保统筹层次的地区，社会经办有助于统筹后基金的平稳过渡。

第二，流动人口管理和异地医疗费用。异地医疗的费用结算对于政府医保经办部门而言，意味着繁重的人力、物力投入，尽管近年来推行的跨省异地就医结算平台建立带来了很大改善，但与本地经办的便利性相比仍存有较大差距。而对于社会经办机构来说，可以简单地通过企业内部平台进行操作，只需委托当地分支机构调查即可。例如洛阳，作为一个工业集聚的人才流入大市，该市面临许多老职工退休异地安置问题。借助经办委托机构中国人寿的网络，洛阳与商保机构中国人寿直接签订异地审核协议，在 14 个省外城市实现了异地医疗结算。因此，即便地区之间没有实现统筹，社会经办的组织形式也能达到与统筹相似的经办效果。这更好地适应了当前经济发展的需要。

第三，简化经办流程。以洛阳原新农合为例，每个月，实施旧政府经办体制的 4 个县农合办工作人员都要到医院结算一次，医院要面对 4 个县的工作人员；而实行新体制下的 12 个试点县(区)，医院只需要对经办机构中国人寿一家结算。这降低了医保基金的运营成本。

第二节　政府购买服务的内容

一、从流程环节上看

为了坚持社会医疗保险的属性，政府需要坚持三项职能：制定政策法规的职能、监督职能、兜底职能。这是不适宜被归入外包购买服务的部分。

制定政策法规的职能包括：使用政府强制力，对目标人群要求强制参保，要求承担经办的机构不得拒绝任何参保人。制定基本的政策待遇标准，确保一定的医疗保障水平。要求承担经办的机构在同一统筹地区内执行统一的费率，不得对疾病风险较大的人群征收更高保费。

监管职能包括：对于政策法规的实施进行监管，例如核查目标人群是否全部参保，经办机构是否按照法定要求提供保险服务等。批准购买服务中被委托机构的准入，判断哪些机构有资质提供社会医疗保险经办服务。

兜底职能包括：政府要对保险基金承担最终责任。在政府直接经办的情况下，这一职能体现为财政为保险基金兜底，直接弥补亏空；在社会机构经办的情况下，体现为一旦经办机构破产，政府有义务接管对应参保人权益的债务，确保参保人权益不受损失。

除上述政府职能之外，具体的基金经办业务还可以通过政府购买服务的方式交由社会机构承担。基于反映社会保险性质的程度，用于购买服务的内容也可以被划分为核心内容和非核心内容两类。

核心内容包括：一是某些政策制定功能，例如对医保目录的确定、对医保定点医疗机构资格的认定等。这些虽然不属于决定社会医保的本质特征，但是可能对参保人保障水平产生重大影响，需要谨慎对待。二是与基金安全密切相关的内容，可能包括保费征缴、理赔终审、医保资格认定以及基金拨付结算等。经办机构可能通过对这些环节的操作滥用资金，或用于风险投资用途，从而对基金安全构成潜在风险。

非核心内容包括：一般的管理性事务。可能包括政策咨询、医保单证收发、服务引导等窗口经办服务，住院、门诊、异地医疗结算等病历的初审，各类医保资格的初审，以及相关医保信息系统的开发与维护等。这些业务纷繁庞杂，涉及的人力资金投入大，但并不具有社会医保的独有特征，因而适宜交由相应的专业机构进行管理。

核心与非核心内容均可以对外委托，只是社会力量的参与程度不同。这也构成了不同的政府购买模式。只委托非核心内容，相当于只购买业务经办服务；而委托核心内容，则具有购买风险管理服务的潜在特征。这将在第三节进行详细分析。

二、从划分板块上看

各地的社会医保体系通常由多个层次和板块组成。以社会基本医疗保险和其上建立的大病医疗保险为主干，还囊括民政部门的医疗救助资金、财政部门专项资金（如大病救助金），以及由基本医保精细化管理所衍生的、从基本医保中分割出来的意外伤害保险、未成年人保险、长期护理保险等多种医保服务项目。这些组成部分从理论上讲均可以被纳入政府购买服务的内容，采取多种方式委托经办。在实际中，尽管其他板块相对不受约束，但基本医保部分受到《中华人民共和国社会保险法》（以下简称《社保法》）对于基金管理规定的限制，在有关基金筹集和支付等环节上不能完全托付社会机构，其购买服务内容较其他板块更窄。

第三节　政府购买服务的方式

一、购买服务的基本方式

总体来看，医疗保险领域的政府购买服务主要有以下两种方式。

（一）委托管理

委托管理是指医保管理部门将医保基金以委托形式交由第三方机构负责。商业保险机构承担窗口业务、病历初审、资格审核等非核心工作中的一项或几项，收取固定的管理费用（运行费用），不承担基金盈亏风险。医保基金仍由社保管理部门掌管。

在基本保险领域，已完成的实践大多采用这一做法。基本医疗保险仅限于委托管理的方式，这主要是受到《社保法》中关于基金管理规定的约束。按照2011年执行的《社保法》，基本医保基金必须存入财政专户，按照国务院指定的投资渠道运营。在这一框架下，基本医保基金不能作为保费购买商业机构的保险产品，只能在业务经办方面对外委托；而即使是委托经办，也不能如通常基金一样移交托管，必须仍旧在财政专户中运行。因此，社保管理部门一般仍控制病历复审和结算；偶尔有商业保险机构结算的部分，也是见账不见钱，商保仅负责账面划拨。

自2003年新农合建立以来，陆续有地方尝试在基本医保中引入商业保险机构委托管理，并产生了洛阳、番禺、江阴等一些具有代表性的做法。尽管之前也存在采用其他方式的试点，但特别是在2012年卫生部等四部委发布《关于商业保险机构参与新型农村合作医疗经办服务的指导意见》之后，委托管理的方式得到了推广。对于在新农合之后建立的城镇居民医保，也已经有洛阳、绍兴、厦门等城市采取了委托商保经办。而在洛阳等试点较快的城市，已经尝试将城镇职工、城镇居民和新农合的初审业务统一到商业保险公司进行办理。

（二）风险管理

这是指社保管理部门采用采购形式，将医保基金作为保费，直接购买第三方机构的保险服务。医保管理部门负责制定筹资、报销范围、最低补偿比例等政策，以及就医、结算管理等基本要求。承办机构以保险合同形式经营，自主控制基金，自负盈亏、承担经营风险。

在大病保险领域，获得国家主推的即是此类模式。2012年发改委、卫生部、人社部等六部委联合下发《关于开展城乡居民大病保险工作的指导意见》，指出对于大病保险的承办方式，“采取向商业保险机构购买大病保险的方式”。之后的国务院系列文件也对此进行了重申。对于其他不在社保法约束范围内的医疗保障资金，如民政部门的社会医疗救助金等，目前也往往采用这一方式，以补充保险的形式交由商业保险机构承办（如洛阳）。

二、不同方式的选择

（一）向社团机构购买与向商保机构购买比较

无论是采用委托管理还是风险管理，都面临被委托对象的选择。社会医疗保险经办管理业务的委托对象既可以是一般的社团机构（如企业联合会、行业协会、自治组织等），也可以是医保相关的专业机构，如保险公司、数据分析公司、财务管理公司等。

从国际经验来看，向哪种机构购买的具体选择取决于各国历史、社会习惯、经济市场条件等国情。例如在德国，非营利性的保险机构（疾病基金）被允许经营社会医疗保险业务，这些保险机构包括了专业的医疗保险机构、企业自己举办的保险机构、保险互助组织等。在日本的居民保险制度中，政府建立的国民保险经办体系，覆盖中小企业和无业居民；而人数超过700人的大企业职工健康保险、国家公务员健康保险、地方公务员健康保险、私立学校教职工健康保险则由各合作社经办。这里的合作社经办相当于“行业管理”。通常，700人以上的用人单位或者由同行业拥有3000名员工以上的联盟，可向厚生劳动大臣申请承办健康保险，经批准后可建立健康合作社。

在我国，社会保险建立的初期是由社团组织经办。根据1952年的《劳动保险条例》，在全国总工会的领导下，基层工会承担本单位企业工人的保险工作，并通过调剂金制度在省市工会或产业工会之间进行调剂。但值得注意的是，与医疗相关的保险金支付仅限于疾病产生的抚恤费和残疾补助，而医疗费用则完全由企业或资方承担，成为一种与机关事业单位相似的公费医疗。这意味着与现代医疗保险相关的大多数经办业务并没有被纳入经办机构的管理范围中。同时注意到当时的工会组织作为与党组织密切配合、将党的管理在企业特别是私营企业中进行延伸的机构，事实上依托的是政府势力，其参与社会保险的管理与政府直接经办的效果相似。而在改革开放之后，随着政府影响在企业中的消退、企业所有制类型的增加、劳动力流动程度的提高，当前的工会组织变得松散，缺乏强有力的组织力，因而很难承担经办社会保险的具体职能。行业协会难以发挥作用的原因与工会组织相似。

委托社团组织管理的另一个备选项是将现有的社保经办机构从政府中独立出来，作为独立第三方。将政府直接负责的社保经办机构，例如现有的医疗保险管理中心，作为完全独立的法人从政府机构的裙带中剥离出来，切断与政府的资金、人事往来，变为真正的第三方。但是这样做的缺点在于：如果不引入多家竞争，则仍然无法摆脱现有行政化的运作模式；而如果引入竞争，则社保经办机构并不具有相比其他商业保险机构更为突出的优势，因而与委托商业保险机构无异，反而可能在招标中存在与政府之间的利益纠葛。

与社团机构相比，现阶段，社会保险服务更适宜交由商业保险机构承担，因为其组织和运作模式更加成熟，已经具有运营商业保险的经验。因此，下文统一以商业保险机构作为经办的被委托对象进行讨论。当然，在购买服务框架的制定上，可以不仅限于商业保险机构，而且为未来其他机构的参与留出空间。

（二）委托管理与风险管理比较

在委托管理方式下，政府管理部门在服务购买的内容上具有较大灵活性，可以根据需要逐步释放购买业务，从而在保持对基金实际掌控的同时及时弥补发展短板。然而这一方式的最大问题在于，缺乏督促商保控费的有效激励。

与风险管理方式不同，商业保险机构在委托经办安排下只负责基金运营，不承担基金风险。无论盈亏均获得固定的管理费用，因此其所获收入与控费效果并没有直接关联，难以产生积极控费的内部激励。同时，单从管理费获利角度考虑，从社保法规与各地实践来看，商保获得的管理费支付水平往往只在保本程度，甚至一些在运行中还有亏损；尽管诸多地方均以提升商誉、利用信息开发产品等潜在收益为卖点吸引商保，但这些间接利益在现行医保体制板块化、碎片化的分布中短期内难以转化为实际收益。因此，基本医保委托管理所能引发的保险公司之间相互竞争的空间有限，因而较难利用动态淘汰的方式产生对于商保控费的外部激励。在这种内部缺乏激励、外部缺乏竞争的状况下，如果不能创新政策安排，找到适合商保的盈利模式，则将大大降低商业保险机构参与经办可能带来的好处，从而降低政府购买服务的收益。

相比之下，风险管理方式由于完全由经办机构承担基金盈亏，因此商保机构有动力加强控费措施以获得盈利。但将基金全部交由保险公司运营，增加了政府兜底责任的潜在风险。并且出于社会保险的特殊属性，也有一些问题需要注意，特别是如何对商保机构进行有效监督，避免其推诿患者。特别是对农村居民，由于从事农业劳动的特殊性，农民群体发生意外伤害的范围更广、程度更深，更具有偶然性和多发性。而在脱离政府管理的情况下，商业保险机构出于节省支出的盈利目的，往往倾向于推诿农村患者，造成参保人权益的损失。这也容易引起参保人的不满，继而激发参保人与作为其集体代理人的政府之间的矛盾。类似情况在其他情境下也有发生。因此当采用风险管理方式时，社保管理部门既已从经办中完全解脱出来，更应专注对商保的监管，确保商保正常履行职能。

（三）一家承办与多家承办比较

无论是委托管理还是风险管理，在引入经办竞争的机制上，都存在两种，一种是在每期只委托一家商保承办的情况下，通过动态淘汰机制来实现商保机构之间的竞争，另一种是同时允许多家保险公司参与经办，即使用“管理竞争”的方式。

在每期只委托一家保险公司经办业务的模式下，政府在一个区域或人群范围内仅指定一家保险机构，保险机构之间不存在竞争关系。政府可能通过动态的招标来引导保险公司之间的竞争，但是一旦中标后，在合同期限内，获得特许经营资格的保险公司就不再面临竞争。目前，世界上一些国家采用此类模式。我国已经开展委托经办的城市(特别是大病保险项目)也大多使用这一方法。

管理竞争模式是20世纪70年代发展起来的，20世纪90年代以来，该理论在若干个发达国家进行了实践。在管理竞争模式下，政府同时授权多家保险机构承保社会保险业务，鼓励保险机构之间在同期进行竞争。参保人可以自由选择保险机构，具体地，参保人可以选择多家保险机构中的一家作为社会医疗保险服务机构，跟随该参保人的所有医保付费均付给这一保险机构，而该参保人所发生的与医保相关的所有经办业务也均由这一机构承担。

管理竞争的良性开展需要具备两个条件：一是有丰富的医疗服务资源和经办资源，能够形成竞争的态势；二是必须具备风险调整机制这一技术条件，即政府建立风险调整基金，各保险机构把征收到的保费按一定比例缴纳到风险调整基金，然后政府运用风险调整基金对承保高风险参保人的保险机构进行补助，这可以避免保险公司在争夺参保人上的不当竞争，专注于基金管理能力的提高。

从效率角度看，这两种方式并无太大差别，具体的选择需要考虑管理竞争所需条件，以及与其他因素的配合。例如，在政府运作不透明、委托管理只需要政府指定而不需要通过招标或者政府在招标过程中存在内部操控的情况下，多家承办可能是对参保人更为有利、更加提升经办效率的一种方式；而在医保板块较多、多个板块分别进行购买服务的情况下，采用一家承办方式可能是减少运作复杂性的较优方案。

（四）不同医保板块是否应该协同购买

目前，国家对于基本段与大病段在社会医疗保险购买服务中所应采取的方式已有了较为明确的导向。在大病保险领域，2012 年发改委、卫生部、人社部等六部委联合下发《关于开展城乡居民大病保险工作的指导意见》，指出对于大病保险的承办方式，“采取向商业保险机构购买大病保险的方式”，使用风险管理。而在基本保险领域，国务院文件多次重申“鼓励以政府购买服务的方式委托具有资质的商业保险机构开展各类医疗保险经办服务”。与社保法关于基本医疗保险基金管理规定的要求相结合，肯定了采用委托管理方式改革基本医保管理基金的方向。2014 年 8 月 27 日召开的国务院常务会议，再次确定“全面推进商业保险机构受托承办城乡居民大病保险”“加大政府购买服务力度，引入竞争机制，支持商业保险机构参与各类医疗保险经办服务”。

事实上从现有的实践来看，单纯地在基本医保中实行委托管理，或者单纯地在大病保险中实行风险管理，都存在缺乏效率的状况。如前所述，在单纯的基本医保经办中，商业保险机构缺乏控费激励，特别是在相对医院处于弱势的情况下，商保在反馈或执行医保惩罚措施时可能面临较大阻力，因而更倾向于降低费用合理性审查、只专注于合规性审核。而对于大病保险，由于其审核中必然包含基本医保的部分，单独进行大病商办也会造成社保与商保的部分重复经办，产生不必要的资源浪费。

因此，利用基本与大病两个板块之间的衔接关系，建立二者之间的商办联动机制，可能为两项基金都产生增益。具体地，可以将基本医保的委托管理与大病保险的风险管理交由同一家商业保险公司。如果商保在基本医保部分严格审查、增加控费，那么落入大病保险救助的人数就会减少，保险公司在大病保险部分所能获得的盈利就会增多。因此保险公司出于利润最大化的最优选择，就会严把基本医保控费关，这就有效解决了基本医保部分缺乏激励的问题。洛阳原先的城镇居民医保即采用这一模式。

通过基本保险经办与大病保险承办一体化来提高经办激励，这一做法的好处是完全处于现行政策允许的范围内，既不需要政策突破，也不需要社保以外其他部门的额外支持。无论是基本部分还是大病部分，均按照国家提倡和鼓励的方式运行。但其中存在的隐忧是，由于基本与大病之间的一体化构架并非政策设计使然，因此在大病保险规定了招标采购的情况下，如果中标企业并非基本医保的经办公司，则会使两个商办之间的连接脱钩，基本经办的控费激励消失。因此，这一机制对于激励经办来说仍是一个相对松散的安排。

（五）如何确定合理的政府购买价格

委托管理的定价形式，有按基金比例、按参保人头每人定额等多种。从理论上看，随着基金筹资规模的逐年增加，固定基金比例产生的支出增加很可能大过经办成本的增加，造成商保过度盈利。因此按参保人头的定价模式较为可持续。洛阳原新农合在购买经办服务过程中就发生了从按比例向按人头的转换，正是基于这一考虑。

对于委托管理费用的总额度，各地区基本持保本微利原则，使商业保险机构在经办业务中基本不存在显著盈利。这实际上是将经办收益分解为直接利益和间接利益，用间接利益冲抵商保应获得的现金收益，其中间接利益以社商合作的商誉增加、通过社保隐性担保扩展业务范围、获得数据资源等形式表现。这是一种合理的定价方式，但若间接利益的获取模式不能实现，如前文提到的，就会降低对商保的激励，弱化商保控费的作用。

在风险管理中，也存在如何估算商保收益的问题。风险管理模式中社保管理部门向商业保险机构支付的费用事实上有两部分：一部分是发生的基金结余；另一部分是保险基金的投资收益。因此对于保险公司来说，即使现有的政策安排不能产生基金结余，只要有足够的投资收益，承办社保仍是有利可图的；而资本运营利得随着经济周期变化具有波动性，从而给估算带来困难。出于社会保险属性的考虑，需要通过条款安排使得商保机构在分担基金风险时不至于产生较大的亏损或较高的盈利。

在确定购买服务的价格时，还应考虑到，商保经办的复杂程度与医保政策设计密切相关。政策变化所导致的商保服务成本增加，也应属于政策性亏损的范畴。特别是在目前统筹层次较低的情况下，市级医保政策受到国家、省级多层制约，每一级调整都可能带来相应经办成本的变化。因此，需要在定价中建立政策性亏损的调节机制。

第四节　政府购买服务需要注意的问题

总体来看，在医疗保险领域实行政府购买服务，是增强医保经营可持续性的必要举措，也获得了目前国家政策的肯定。医保商办相比医保官办具有明显优势，主要表现在能够引入专业化服务和竞争，推行有效的控费措施、提高医保服务质量。

无论采用哪种具体的购买服务方式，其机制设计的首要问题是在确保参保人利益的情况下落实控费激励，同时兼顾基金的稳定性和商保的盈利规模。结合现有经验和理论分析，我们就医疗保险领域引入政府购买服务提出以下建议：

第一，在坚持政府职能的同时，逐步放开购买服务的内容。

一些涉及政策制定、基金运作的医保服务环节，虽然与社会保障的本质属性无涉，但也是构成医保基金势力的要件，如对医保目录的确定、对医保定点医疗机构资格的认定、理赔终审、基金拨付结算等。政府部门在委托经办时，出于自身势力、基金安全、监管能力等多种考量，往往对这些环节的购买持谨慎态度，只交办病历审核等具体事务，这使得商保机构在控费过程中缺乏与医院和医生的谈判势力，管控与惩罚措施难以落实。政府部门可以考虑在增强自身监管职能的情况下，对这些核心环节逐步开放购买服务，真正将医保经办机构塑造成独立的第三方。

第二，可以在委托管理中适当引入风险管理机制。

基本医疗保险受到法律约束只能采取委托管理方式，而单纯的委托管理具有缺乏内部激励的天然缺陷。为了激发商保经办的积极性，可以采取以下两种做法。

一是参考洛阳模式，考虑到医保板块之间的协同，采用基本保险进行委托管理、大病保险交由同一家商保进行承办的购买组合。同时在大病部分，借鉴类似洛阳居民医保的风险分担机制，控制商保的盈利规模。但正如前面所提到的，这一做法尽管具有不需借助外部力量的优点，但容易受到大病招标采购的制约。

二是借助财政的外部支持，在基本保险经办中引入风险管理机制。北京市平谷区的做法提供了一个借鉴。平谷区原新农合与接受委托的人保健康约定，保险公司在委托管理中，如果期末基金实际支出额小于双方约定支出额，则人保健康可获得盈余部分的25%作为奖励，奖励由区财政支出；如果实际支出额大于约定支出额，则人保健康需承担全部损失。与此同时，新农合管理中心不再支付单独的经办费用。由此可见，平谷新农合是通过财政的额外投入，将购买经办方式转变为了购买保险方式：除了保险公司不能持有基金作为保费、盈亏不在基金中列支之外，从商业保险公司角度来看，其所得与基本保险管理的成效直接挂钩，关于利益的安排与购买保险服务方式无异。

平谷区新农合在基本保险经办中引入风险管理的做法，能够形成对经办的直接激励，这一激励不需要借助其他板块的配合完成。但其显著问题在于，需要财政提供额外的资金支持，并且支持的规模带有较大的波动性和不确定性。这种不确定性可能与财政一直追求的目标相悖。但通过设置商保获利上限，这一问题也可以得到有效控制。

第三，对于多家承办方式需要谨慎摸索。

多家承办有利于形成显性的竞争格局，但开展竞争所依赖的两个条件——丰富的医疗、经办资源以及风险调整技术，从我国目前来看尚不具备。特别是风险调整技术，从德国和荷兰的经验来看，建立的过程较为复杂，需要大量的数据和先进的统计分析技术。不过与西欧国家社会保障体系缺乏政府领导的国情不同，从我国实际出发，作为社会保险的管理部门，政府可以通过行使委托方权利建立较为有效的调剂机制，例如限定参与承办的机构数量，举办事后的协调会来分配机构之间的保费数量。这些机制都需要试点探索。

另外，如前所述，在某一个板块引入多家承办时，需要考虑与其他板块购买服务的协调。如果在多个板块开放购买的情况下，每个板块又引入多家承办商，很可能造成政府管理部门协调成本的升高和协调效果的下降，从而挫伤商保机构专注管理的积极性。

第四，建立完备的退出机制，避免因受托机构变化引起的震动。

受托机构可能因多种原因退出经办，可能是保险机构主动要求退出，也可能是保险机构经营不善而破产。为了防范因保险机构退出而导致的震动，保障参保人权益，需要建立受托机构的退出机制。可能包括：建立再保险机制，即使受托机构经营不善出现基金赤字，政府仍然可以通过再保险来支付参保人的待遇；明确退出程序，规定保险机构必须按一定的程序退出，并留出足够的交接时间；政府准备临时接管受托机构的预案，一旦受委托的保险机构无法持续，政府可以通过多种方式接管后续工作，例如向保险机构注入资金帮其渡过难关，暂时由政府接管并寻找其他机构等。

第五，重视新技术、新业态的发展，以此创新现有社商合作模式。

目前，许多地方将引入商保经办作为提升自身信息化水平、增强业务能力的手段，也有一些地方因为自身信息技术水平较高而抵触商保参与。应当看到，商保的进入不仅是引入新技术改造医保管理方式的途径，而且是站在发展健康产业的高度，容纳更多利益相关者参与社会保障体系建设的必要平台。以医保商办为契机，将围绕社会医疗保障的市场化主体紧密连接起来，将医院的各项诊疗服务、商业保险公司中的各类保险产品、相关健康服务企业中的各类健康项目等组合在一个平台上。借由这种方式，参保人可以方便地获得基本的医保服务，与此同时还能全面地享有与自身健康需要相关的各类就医指导服务。这就使得借助商保的力量将基本医保作为主干植入了市场化的健康产业体系中，继而以商保的产业关联为支脉，使得其他健康领域产品的发展有了依附，推动整个健康产业的发展。

第六，加快政府职能转型。

政府购买本身意味着地方财政的购买经费投入。在医疗保障领域，财政部门增加投入的顾虑可能主要集中在投入购买经费的同时还要维持社保部门现有的人员开支不变，从而产生“双份”支出。从应对经济发展趋势的角度考虑，这样的顾虑在长期中是不存在的；但在短期内确实会存在问题，进而影响财政支持医保商办的积极性。这就需要加快社保部门工作转型的力度。当主要经办管理环节剥离后，社保的工作重心应转移到政策制定和监督上。加大对医保服务项目的创新力度，从体制上构建精细化的基金管理体系；加大对市场化主体参与医疗保障体系的路径设计，建立与各利益相关方的协调机制；加大对医疗机构的监督力度，随时对商保发现的问题进行制度完善和补充。原有政府经办人员在完成短期内对商保的交接后，宜迅速地分散到这些方向来，以使得政府购买服务真正发挥转变政府职能、增加基金效率的作用。

— 本章附录 —

在这一部分，我们以案例方式介绍典型地区在引入商业保险机构参与社会医疗保险经办中的经验做法。

一、提高经办激励：基本医保经办与大病保险承办一体化（洛阳）

以洛阳、湛江为代表的一些城市已经认识到，基本与大病两个板块之间的衔接关系，使得建立二者之间的商办联动机制可能对两项基金都产生增益。具体地，它们将基本医保经办与大病保险承办交由同一家商业保险公司。商保基于利润最大化目标，会加强在基本医保部分的审查、增加控费，从而减少落入大病保险救助的人数，通过在大病保险部分的盈利获得收益。这就有效解决了基本医保部分缺乏激励的问题。

以洛阳为例。洛阳是全国来看医保商办进行得较为彻底的地区，在职工医保、原城镇居民医保、原新农合以及民政困难群众医疗救助四个板块中，均有中国人寿保险公司的参与。其中在原城镇居民医疗保险中，基本部分的病历审核委托人寿，按照当年总筹资额的1%支付管理费。大病部分采用购买保险服务方式，如有盈余，在扣除一定成本（净赔率之上部分）后，所余30%归人寿公司，70%成为风险调剂金滚入下一年；若有亏损，则由人寿全部承担，但可从风险调剂金中弥补当年成本。负责基金管理的洛阳人社部门表示，由于商保能够在大病保险部分获利，因此势必加强通道下方基本医保的费用合理性控制。与此同时，同属人社部门管理的职工医保也在仿效这一模式，将职工医保的病历审核交由人寿。由于职工的大病部分早在2000年作为全市第一个购买保险服务由中国人寿承办，并且实行全额留存、亏损全部自担的完全购买模式，因此可能是基于由此带来的潜在激励，部分试点县在试点职工经办服务时甚至没有支付商保机构管理费。

二、提高经办激励：基本医保引入风险分担(北京平谷区)

平谷区原新农合借助财政支持，在基本医保经办中引入风险分担机制，使得商保能够从严格控费中获得直接的经济利益，进而产生激励。

具体做法是：平谷区新农合管理中心与承接经办的人保健康公司联合确定一个约定支出额。在期末，如果基金实际支出额小于约定支出额，则人保健康可以从区财政获得盈余部分的25%作为奖励，剩下的75%计算为基金结余；如果实际支出额大于约定支出额，则人保健康需承担全部损失，但在存在基金历年结余的情况下，可以从历年结余数额中弥补当期成本(由财政补贴当期经办费用)。与此同时，新农合管理中心不再支付单独的经办费用。由此可见，平谷新农合是通过财政的额外投入，将购买经办方式转变为购买保险方式：除了保险公司不能持有基金作为保费、盈亏不在基金中列支之外，从商业保险公司角度来看，其所得与基本部分管理的成效直接挂钩，关于利益的安排与购买保险服务方式无异。

之所以在计算盈亏时采用约定支出额而不是筹资额，主要是考虑北京地区新农合年度赤字普遍存在、财政部门会在期末追加补偿的特定情况，因此当年新农合资金总收入并非年初筹资额。新农合管理部门力图掌握的原则，是使约定支出额与盈利25%奖励相结合的组合能够在弥补经办成本的基础上不至于产生太大盈利。从实际运行来看，除去2011年的探索期，2012年人保健康获得奖励220万元，2013年获得168万元，而同期新农合的经办成本约每年160万~170万元，大致符合管理部门的目标。2014 年根据周边密云区、门头沟区等开展商保合作的情势，改为将给予人保健康的盈余奖励变更为50%比例，上限不超过 300 万元，亏损分担也不超过 300 万元。

从同期的控费效果来看，商保介入后迅速补充了原有人手和专业化水平的不足，并建立起了精细化的基金管理机制。原先新农合管理中心人员为 9 人，只能应付日常报销，无暇对医院实施管控；而其中具有医学背景的仅有 2 人，很难实施有效管理。引入商保后，增加的商保专业人员为 16~18 人，基本具有中级以上医学背景，并抽调其中半数分两组进驻了占整个新农合费用支出 60%的 4 家区二级医院，从源头实施督查。自实施后，平谷新农合的基金支出增长大幅低于全市平均水平。

值得提及的另一点是，平谷新农合在委托商办时，还将当年筹资的50%作为保费，直接划拨给人保健康公司。尽管合同中要求对这部分基金做专户管理，但由于没有限定投资方式，事实上默许了人保健康将其归入自己的保费户进行统一运营，因而对现行政策法规有一定突破。尽管出于基金安全考虑，管理部门对这部分基金设定了分月划拨、每月结算返还等细则，但这一做法还是给予了商保一定的获利空间。需要指出的是，类似的政策突破并不是前述激励目标实现的条件，实现控费激励只需要财政在出口给予奖励补贴即可；但不可否认，划拨保费创造的盈利空间能够在一定程度上减轻财政在支付奖励上的负担。

三、改良大病保险购买服务方式（洛阳）

按照国务院政策文件导向，目前各地普遍开展了大病保险的建立和商保承办。然而出于如何保证基金安全性、如何控制商保合理盈利规模等考虑，一些地区在简单采用购买保险服务方式，或通过基本医保封顶线调整控制大病医保起付线等措施之外，也探索对基本的购买保险服务模式进行改良。

具体的改良方式各异，其中一些常见措施包括：第一，要求商保专户管理，资金不能用于投资运营；第二，在风险分担，特别是盈余分担机制上，使用比例而非全额留存，限制商保过度盈利；第三，由于第二条修正可能带来的商保获利与亏损之间的不匹配，将社保留存的盈余部分建立为风险调剂金，以确保亏损时商保的管理成本仍能从调剂金中获得补偿，维持其参与的积极性。

总之，对大病购买服务方式的改良倾向于在保留风险分担机制的同时，强化社保管理部门的主动权。由于大病受基本医保政策调整影响较大，社保对基本医保的调整会直接带来大病承办盈利能力的变化，因此采取这样一些控制盈利同时保证管理费补偿的措施，引入类似于购买经办服务中的做法，也不失为一种平滑风险的过渡性举措。